中國美術分類全集

中國青銅器全集

14

滇 昆明

中國青銅器全集編輯委員會 編

《中國青銅器全集》編輯委員會

凡例

一 《中國青銅器全集》共十六卷，主要按時代分地區編排，力求全面展示中國青銅器發展面貌。

二 《中國青銅器全集》編選標准：以考古發掘品爲主，酌收有代表性的傳世品；既要考慮器物本身的藝術價值，又要兼顧不同的器種和出土地區。

三 本書爲《中國青銅器全集》第十四卷，選錄滇、昆明青銅器精品。

四 本書主要内容分三部分：一爲專論，二爲圖版，三爲圖版説明。

目錄

絢麗多彩的滇、昆明青銅文化

張增祺

雲南地處中國西南邊疆，戰國至西漢時期爲西南夷地。《史記·西南夷列傳》載：「西南夷君長以什數，夜郎最大；其西靡莫之屬以什數，滇最大；自滇以北君長以什數，邛都最大。此皆椎髻、耕田、有邑聚。其外西自同師以東，北至楪榆，名巂、昆明，皆編髮，隨畜遷徙，毋長處，毋君長，地方可數千里。」當時雲南東部以滇池區域爲中心爲滇人聚居地，西部以洱海區域爲中心爲昆明人聚居地。滇和昆明是古代西南夷的主要部族，他們都有着悠久的歷史和發達的青銅文化。其青銅器出土地點，主要集中在今雲南省。所謂的雲南青銅器，主要指的是滇和昆明青銅器，本文所要探討的主要是滇和昆明青銅文化，對滇和昆明鄰近地區的青銅文化，也附帶作些介紹。

滇和昆明的歷史雖久，但真正受到中原王朝的注意，也只是在西漢武帝時。據《史記·西南夷列傳》載：「元狩元年（前一二二年），博望侯張騫使大夏，言居大夏時見蜀布、邛杖，使問所從來，曰：從身毒可數千里，得蜀賈人市。或聞邛西可二千里有身毒國。騫因盛言大夏在漢西南，慕中國，患匈奴隔其道。誠通蜀、身毒道便近，有利無害。」張騫將出使大夏（今阿富汗）時見蜀布、邛杖的情況上奏漢武帝，并建議由西南經身毒（印度）至大夏，可避免匈奴的干擾。漢武帝採納了張騫的建議，幾次遣使求身毒道，皆因昆明人的阻攔未能成行。也正因爲這件事，西漢王朝才知道有關滇和昆明的更多情況。

元鼎五年（前一一二年），漢武帝征服了南越割據政權，兵臨滇之東南部，接着又征服了夜郎和邛都地區，使滇和昆明更加孤立。在這種形勢下，西漢王朝遣使勸説滇王降漢入朝，滇王依仗自己尚有實力，又有昆明人等的支持，没有把西漢王朝放在眼裏。甚至對漢使者説：「漢孰與我大？」元封二年（前一〇九年），漢武帝「發巴蜀兵」，「滇王始首善，以故弗誅。滇王離難西南夷，舉國降」（《史記·西南夷列傳》）。元封六年（前一〇五年）又

插圖一、二　滇王之印

征服了昆明，西漢王朝開始在雲南設置益州郡，滇和昆明隨之在中國歷史舞臺上逐漸銷聲匿跡了，惟其豐富多彩的青銅文化流傳至今。

一　滇、昆明及鄰近地區青銅文化的考古發掘

以滇與昆明爲主的雲南青銅文化，一九四九年前從未發掘過。有的地方雖發現過少量青銅器，但不是被隨意丟棄或熔爐改鑄，就是爲古董商倒賣，有的甚至流落國外，被一些著名的博物館收藏[1]。因此，有關滇和昆明的情況，只能從《史記》、《漢書》和《後漢書》的一些記載中，得知一二。

有關滇和昆明青銅文化的發掘工作，全都是一九四九年後進行的。從一九五五年至一九六〇年，雲南省博物館先後在晉寧石寨山進行過四次發掘，共清理墓葬五十座，出土青銅器四千八百餘件[2]。其中六號墓發現蛇鈕金印一方，篆文「滇王之印」（插圖一、二）。可見這座墓是一代滇王墓葬，石寨山是沉睡了兩千餘年的古滇國墓地。《史記·西南夷列傳》載，漢武帝在滇王降後，曾「賜滇王印，復長其民」。也許，石寨山六號墓出土的這枚金印就是西漢王朝所賜的吧！

一九七二年春，雲南省博物館又發掘了江川李家山墓地。這是繼晉寧石寨山之後又一次大規模的發掘工作，共清理墓葬二十七座，出土青銅器一千七百餘件[3]。一九九一年底至一九九二年上半年，由雲南省文物考古研究所主持又對江川李家山青銅時代墓地進行了發掘，并取得了豐碩的成果，在一千一百平方米範圍內清理墓葬五十八座，出土銅、金、鐵、玉等質地器物二千餘件，其中青銅器有許多精品。李家山墓地距石寨山僅五十餘公里，隨葬品也基本相同，説明它們都是戰國至西漢時期滇國的文化遺物。

與晉寧石寨山和江川李家山隨葬品相同、時代相近的墓地較多，其中重要的有：呈貢縣天子廟[4]、石碑村[5]，安寧縣太極山[6]，昆明市上馬村[7]，曲靖市八塔臺[8]，東川市普車河[9]。以上墓地共出土青銅器一千餘件，也都是戰國至西漢時期滇國的文化遺物。

滇西地區，以洱海區域爲中心發現過不少昆明青銅器。一九五六年，劍川縣海門口發現一處古文化遺址。該遺址除出土大量石斧、石刀和骨角器外，還有十四件銅器[10]。經北京鋼鐵學院金相分析，其中銅斧、鐮等九件爲含錫量偏低的青銅器。這是目前發現最早的昆明式青銅器，時代約爲公元前十二世紀末。一九六四年，祥雲縣大波那發掘一座木槨銅棺墓，隨葬品中有青銅器九十七件[11]。一九七五年，楚雄萬家壩發現一處規模更大的昆明墓地，清理墓葬七十九座，出土青銅器一千零二件[12]。與祥雲大波那和楚雄萬家壩隨葬品相似和時代相近的墓地較多，其中較重要的有祿豐縣黑井、琅井，永勝縣金官龍潭，寧蒗縣大興鎮[13]，祥雲縣檢村[14]，劍川縣鰲鳳山[15]，彌渡縣苴力[16]，大理市鹿鵝山、金梭島[17]，德欽縣石底[18]，昌寧縣大田壩[19]，雲龍縣坡頭[20]等地。以上墓地共出土青銅器一千餘件，大都是戰國至西漢時期昆明文化遺物。

滇西北地區主要是石棺墓區，青銅器數量較少。一九七七年，德欽縣納古發掘石棺墓二十三座，隨葬品中多帶耳陶罐，青銅器僅十四件，具有明顯的北方草原文化特徵[21]。與此相似的石棺墓地還在德欽縣永芝[22]、中甸縣尼西、麗江縣馬鞍山等地發現，且都有少量青銅器出土[23]。

滇南地區青銅時代的遺址和墓地，大都未經過正式發掘，當地的青銅器多是文物普查時徵集的，但都有明確的出土地點。主要分布在文山、廣南、馬關、建水、石屏、紅河、蒙自、雲縣、鳳慶、騰衝等地，總共約二百餘件[24]。

目前雲南出土青銅器約一萬餘件，絕大部分出自墓葬。從時代上可分爲三個時期，公元前十二世紀末爲濫觴期，公元前六至三世紀爲鼎盛期，公元前一世紀中葉爲衰落期。

就現有考古材料，滇與昆明青銅器依其功能大致可分五大類，共八十餘種[25]。

生產工具有：鋤、錛、鐮、斧、鑿、錐、削、刀、針、魚鈎、紡輪和成套紡織工具（包括經軸、布軸、打緯刀、分經杆、幅撐等）。

生活用具有：壺、洗、碗、盤、杯、勺、豆、盒、案、箸、尊、釜、甑、罐、鐎斗、盉、桶、針筒、線盒、傘、枕、貯貝器、鏡、帶鈎、印章、錢幣及銅棺。

兵器有：劍、矛、斧、戈、啄、鉞、戚、棒、叉、弩機、箭鏃、鐏、劍鞘、箭箙及各種盔甲（包括頸甲、胸甲、背甲、腿甲、臂甲等）。

樂器有：鼓、鐘、鈴、鑼、直管葫蘆笙、曲管葫蘆笙等。

裝飾品有：各種形式的扣飾、杖頭飾、馬飾、浮雕和圓雕裝飾、手鐲、耳環、簪釵和尚未定名者等。

以下，介紹幾種特色鮮明的青銅器。它們不僅在我國青銅文化中獨樹一幟，也可和世界上任何青銅器媲美。

1、貯貝器。貯貝器是滇青銅器中獨有的器物，是專門用來貯放貝幣的容器。有的是特製的筒狀帶蓋器，也有的是擊破鼓面的廢銅鼓改製的（將鼓面去掉，另配一蓋和焊接一底）。無論是哪一種貯貝器，其腰部和蓋上均有生動逼真的人物和動物圖像。就人物活動場面而言，有祭祀、戰爭、納貢、上倉、紡織、放牧、狩獵、舞蹈、飲宴、農作等，幾乎涉及到當時社會生活的各個方面。其中人物最多的一件有一百二十七人，少的也有數人或十餘人。

2、動物搏鬥紋扣飾。滇青銅器中，有很大一部分爲動物搏鬥紋扣飾。背面有一矩形扣，便于懸掛。其畫面或爲兩種肉食動物互相搏鬥，或爲肉食動物追逐、吞噬草食動物。如晉寧石寨山三號墓出土一件「二虎噬猪」扣飾，二虎與一野猪搏鬥，猪作狂奔狀，一虎猛撲于猪背，口噬其肩部，另一虎伏于猪腹下，咬住野猪的後腿，野猪又反咬虎之尾部。又如石寨山六號墓出土一件「二狼噬鹿」扣飾，二狼合噬一鹿，一狼躍踞鹿背，口噬其耳部，前爪緊抓鹿頭，另一狼前爪抱住鹿的後胯，口噬其腿部；鹿前足彎曲，後足被狼緊抱，張口嘶叫。此外晉寧石寨山和江川李家山動物搏鬥紋扣飾中，還有「三獸噬牛」、「二豹噬猪」、「二虎噬牛」、「三狼噬羊」等題材。

3、青銅農具。古代中原地區是很少使用青銅農具的，一種説法是：青銅農具製作不易，如讓每個奴隸都使用，或會有意損壞，或以之作爲武器從而對奴隸主構成威脅。我認爲這樣的解釋不能令人完全信服。我覺得商、周時期中原地區很少使用青銅農具的根本原因，是與當地銅、錫資源缺乏有關，因爲僅有的銅、錫大都用于禮、樂器和兵器的製作了。即使是鑄造禮、樂器的金屬材料，也不完全産于中原地區。安陽婦好墓出土的青銅器，據中國科技大學自然科

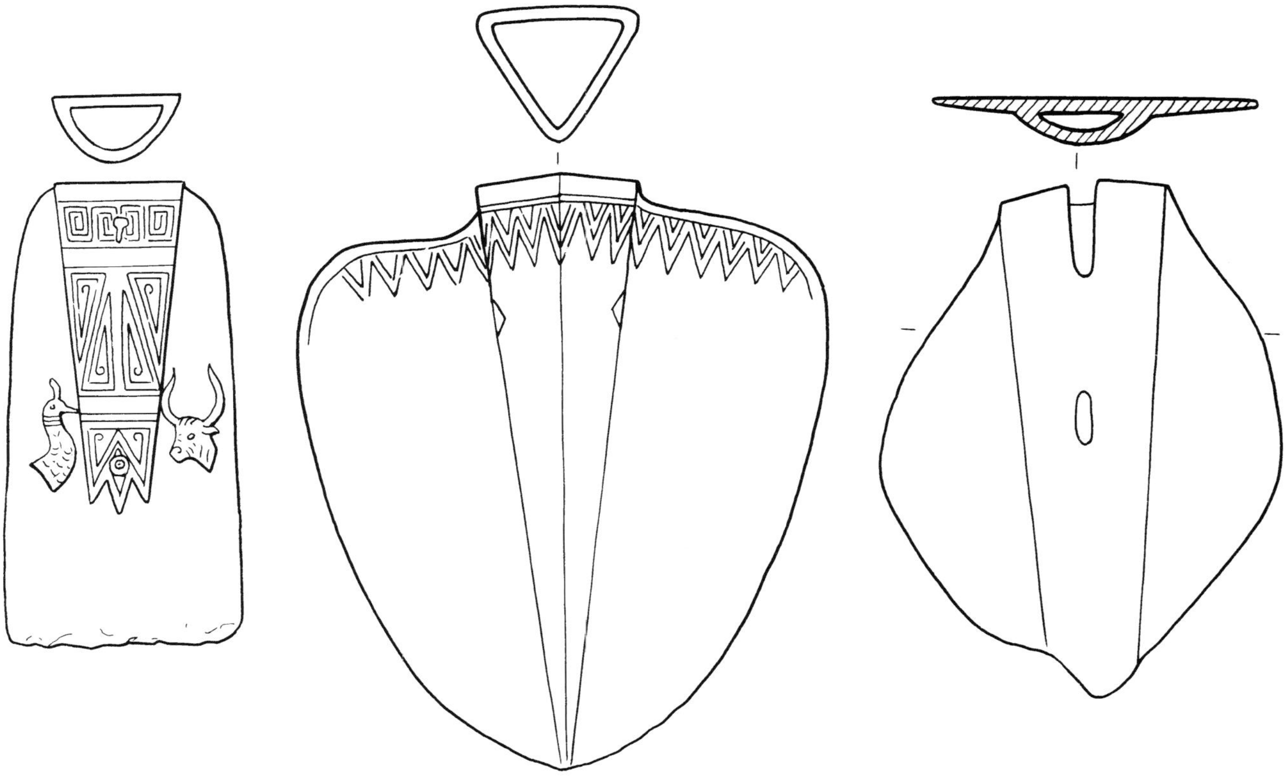

插圖三　滇青銅農具

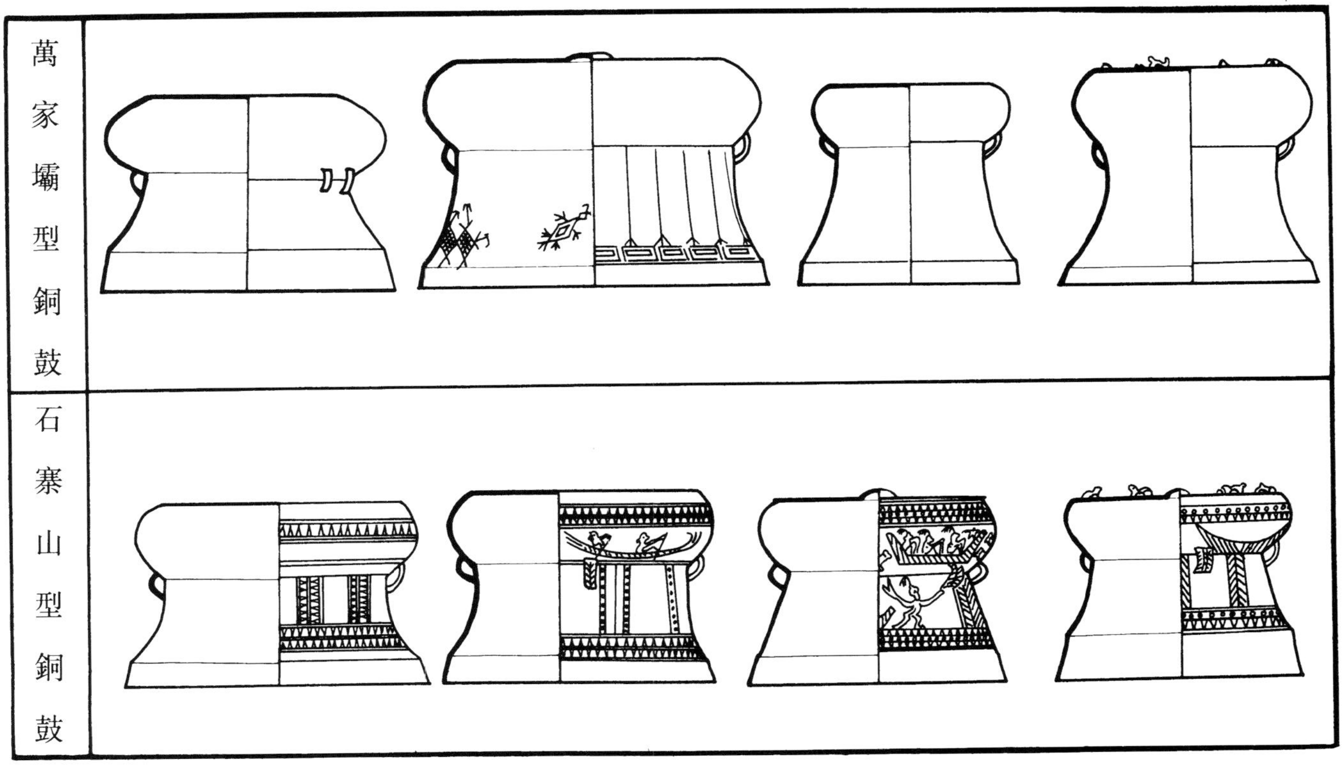

插圖四　萬家壩型銅鼓與石寨山型銅鼓發展演變圖

學史研究室鉛同位素比值的測定，其原礦産地很大部分是雲南的東川、會澤一帶[26]。而雲南古代的銅、錫礦藏極其豐富，開採量也很大。因此，滇、昆明青銅文化中不乏青銅農具（插圖三）。

4、仿生式兵器。滇、昆明青銅兵器二十餘種，其中銅戈、矛、劍、鉞、戚、斧等器物雖見于內地，但器形、紋飾差別甚大，很顯然是由當地製作的。另一部分兵器不見于中原和雲南鄰近地區，都是模仿動物的某一部位製作的，我們暫命其爲仿生式兵器。如鳥頭形銅啄，整體似一長嘴的鳥頭，其上有兩個對稱的圓圈，似鳥之雙目，刃部既長且尖，刃上端有横穿之圓銎，使用時如長嘴啄木。又如鶴嘴形銅斧，整體似曲頸伸嘴之鶴頭，刃部爲鶴嘴，兩側各有一圓圈，似鶴之雙目。另外如蛇頭形銅叉、牙刺形銅棒、鳥頭形銅鉞等，構思新穎，作工精美，均達到了藝術價值和實用價值的高度結合。

5、銅鼓。銅鼓是我國西南地區古代民族普遍使用的一種打擊樂器。它由互相連鑄在一起的鼓面、胴部（胸部）、腰部、圈足以及胴腰之間的鼓耳等五部分組成。鼓面是一個圓形平展的面，爲主要打擊和發音的部位。胴、腰、圈足三部分起共鳴作用，有時也用于打擊，可發出與鼓面不同的音響。鼓耳是爲懸掛和搬動方便特設的，其上繫有繩索。銅鼓的打擊方法，據滇國青銅器上的銅鼓演奏圖像看，有的懸于木架，用木錘敲打；有的平置地面，或以木錘敲打，或直接用手拍打。近代雲南佤族等少數民族仍使用銅鼓。他們在地面上豎起兩個木架，上有横樑，將銅鼓繫于横樑上，打擊者側立，一手握住銅鼓之圈足，一手執木錘敲打；也有用二人抬一木杠，將銅鼓繫于木杠上，打擊方法如前。目前我國研究銅鼓的學者，均將出土的戰國至西漢時期滇、昆明及其鄰近地區的銅鼓分爲「萬家壩型」和「石寨山型」兩類[27]，但對它們之間的關係却衆説紛紜。多數學者認爲是發展演變關係，即「萬家壩型」銅鼓是最原始的銅鼓，「石寨山型」銅鼓是在其基礎上直接發展來的。由于銅鼓研究中「一源多支」的學術觀點占主導，致使人們把本來是兩種不同系統、各自獨立發展的銅鼓，人爲地納入同一文化序列中，而它們之間的許多差異，却被多數研究者忽略了。根據近年發現的新材料，我的基本看法是，「萬家壩型」和「石寨山型」是兩類不同發展序列的銅鼓（插圖四）。其時代各有早晚（如兩類銅鼓的後期，鼓面上同時出現四組對稱的立體雕鑄物），各有不同的起源物（「萬家壩型」銅鼓起源于炊具銅釜，「石寨山型」銅鼓起源于容器銅桶），以及不同的起源地（前者起源于滇西地區，後者起源于滇池區域）。此外兩類銅鼓的使用民族也有不同（「萬家壩型」銅鼓的主人是古代昆明人，「石寨山型」銅鼓是古代滇人）。總之，兩類銅鼓是平行發展關係（當然不排斥它們之間有文化上的交流），而不是一方派生另一方的承襲關係。

滇、昆明青銅文化，以其豐富的內容、生動活潑的表現形式、精湛的製作工藝和獨特的民族風格著稱。隨着今後考古工作的不斷深入，將會有更多和更精彩的青銅器出土。

二　滇、昆明及鄰近地區青銅文化的類型與族屬

就現有考古資料，滇、昆明及鄰近地區青銅文化大致分爲四種類型㉘。

滇池區域類型（插圖五）。包括東川以南，陸良以西，安寧以東，新平以北的廣大地區。這一區域的墓葬全部爲豎穴土坑，大墓中都有棺槨。除江川李家山二十三號墓爲兩女性合葬外，其餘均屬單人葬。隨葬品中青銅器數量多、品類繁，製作工藝亦精，爲雲南青銅文化最發達的地區。滇池區域青銅文化的代表性器物有：尖葉形和條形銅鋤、一字形格和無格銅劍、梯形銅斧、寬邊銅鐲、貯貝器和動物紋扣飾等。大墓中除上述青銅器外，另有銅傘、銅枕和銅鼓等大件青銅製品。

滇西地區類型（插圖六）。包括怒江以東，祿豐以西，金沙江以南（部分青銅器亦見于金沙江以北），保山、臨滄以北的廣大地區。這一區域的墓葬絕大部分爲豎穴土坑，也有少量爲大石墓。兩類墓雖形制不同，但隨葬品相同。滇西地區青銅文化的代表性器物有：凹口形銅鋤、螺旋紋柄銅劍、曲刃銅矛、弧肩形銅斧、窄邊銅鐲等。大墓中除上述青銅器外，還有銅棺、銅鐘、銅鼓之類的大型青銅器，但數量較少，紋飾簡單，極少有立體雕鑄圖像。

滇西北類型（插圖七）。主要分布在瀾滄江和金沙江河谷及川西地區，大多爲石棺墓單人葬。隨葬品中青銅器數量較少，代表器物有：雙環首和曲柄短劍、弧背銅刀、帶短柄銅鏡等，

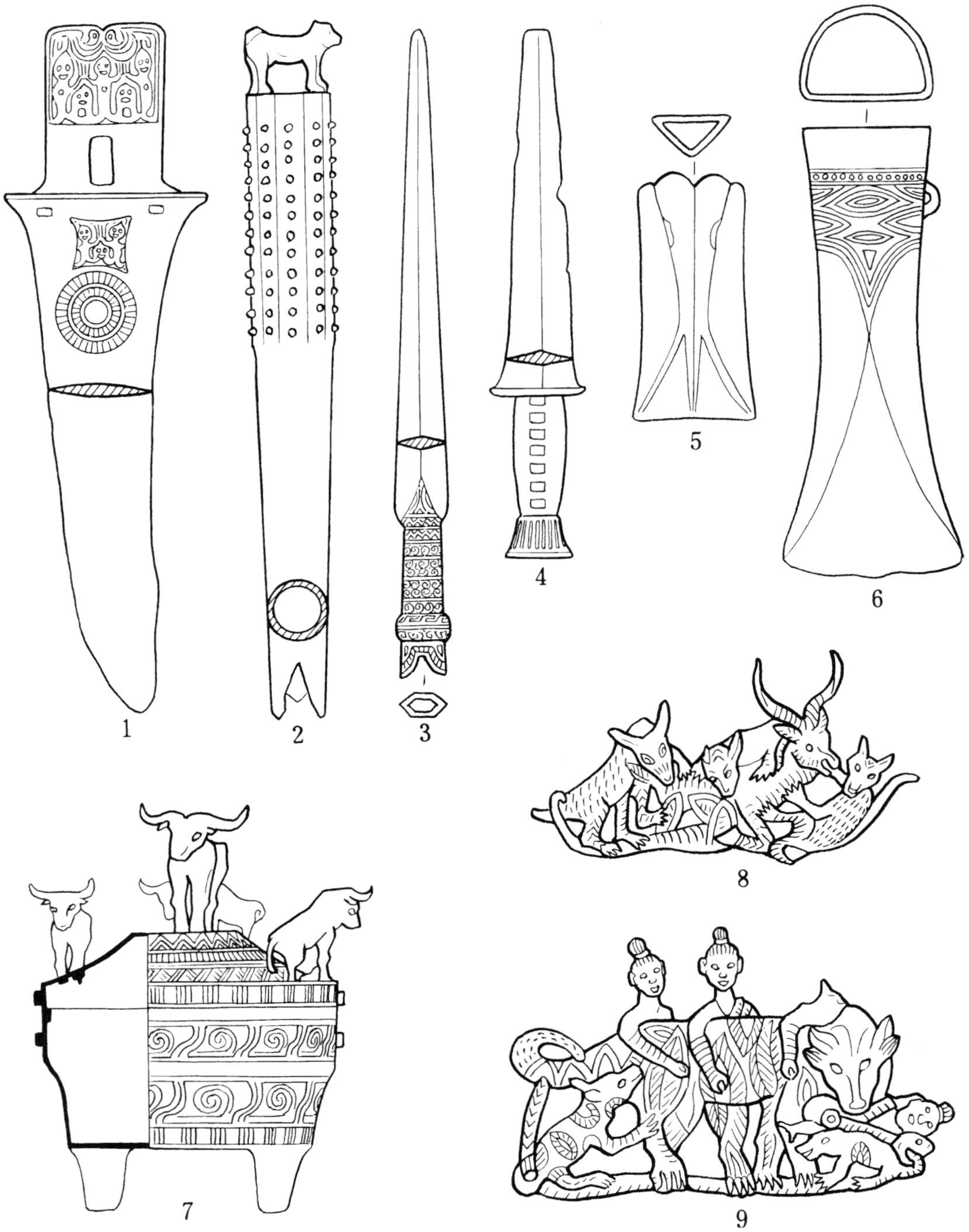

插圖五　滇池區域青銅文化主要器物

1.銅戈　2.銅狼牙棒　3.銅矛

4.銅劍　5.銅鋤　6.銅斧

7.銅線盒　8、9.銅浮雕扣飾

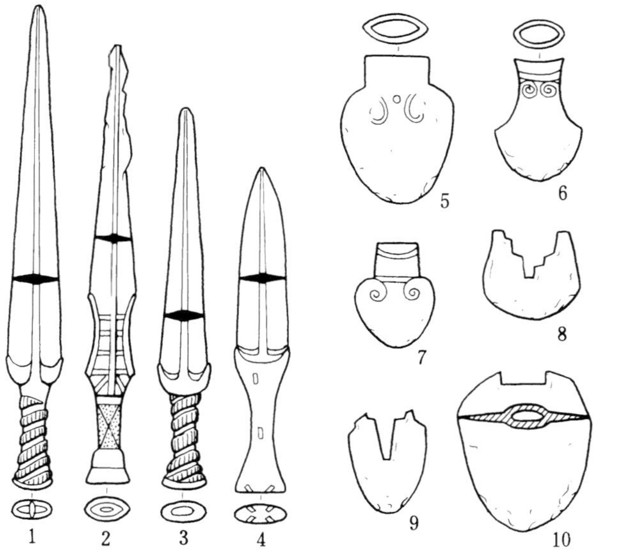

插圖六　滇西青銅文化主要器物

1—4.銅劍　5—7.銅斧　8—10.銅鋤

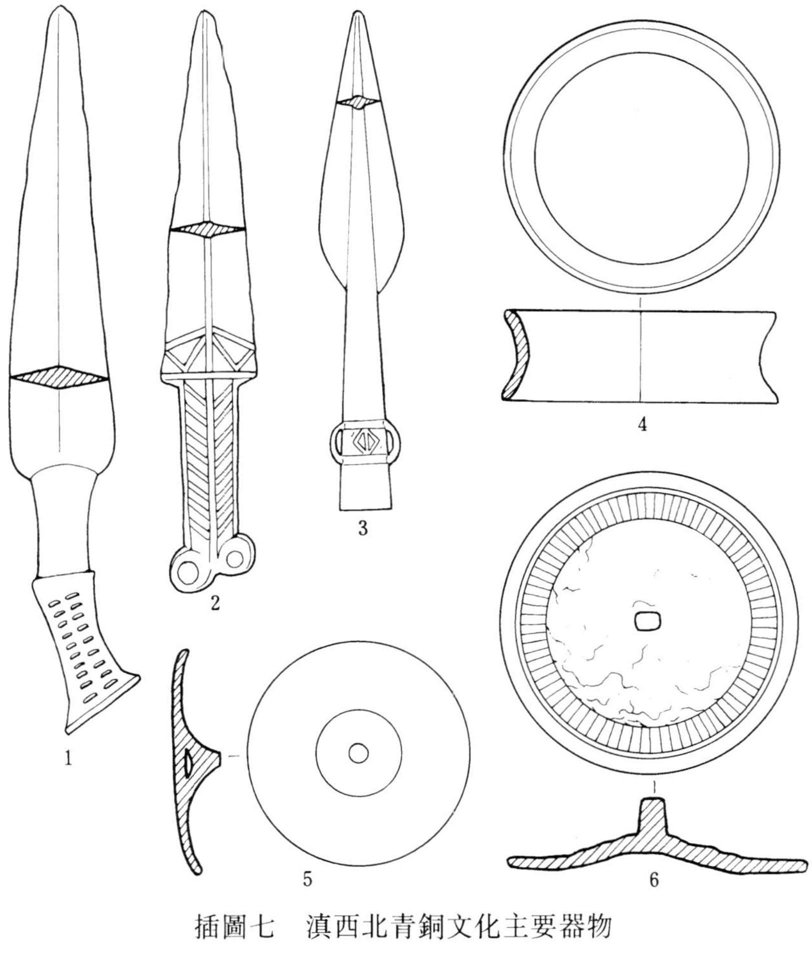

插圖七　滇西北青銅文化主要器物

1、2.銅劍　3.銅矛　4.銅鐲

5、6.圓形銅扣飾

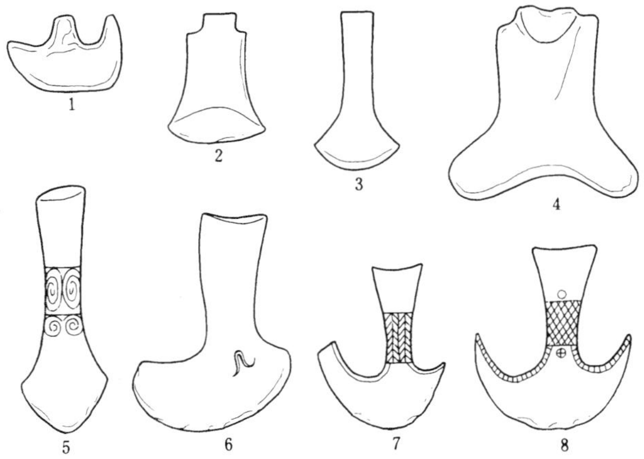

插圖八　滇南青銅文化主要器物

1—6.銅斧　7—8.銅鉞

具有明顯的北方草原文化特徵。

滇南地區類型（插圖八）。包括文山以西，建水、臨滄、保山以南，騰衝、德宏以東地區。這一區域的青銅文化比較複雜，代表性器物中既有當地風格的青銅器，如靴形銅斧、月牙形銅刀、山字形銅鉞等；也有和滇池區域相同的青銅器，如一字形格銅劍、尖葉形銅鋤、梯形銅斧等。

青銅文化的族屬問題。一般說，要比較准確地判斷滇、昆明及其鄰近地區青銅文化的族屬是有一定困難的。因爲古代這一地區的民族十分複雜，文獻記載又不詳或不確，出土文物上又無明顯的族屬特徵。爲此，我們在研究滇、昆明及其鄰近地區青銅文化的族屬時，採取的是根據出土青銅器的不同文化類型找出基本文化特徵，并與文獻記載相比較的方法。當然，這也難免存在局限性。因爲無論古代或近代，在多民族地區，一種文化特徵會出現在幾個地域相近的較小民族中；同樣，幾種文化特徵，又可能集中在人口衆多、分布較廣的一個民族中。但只要我們分清主流和支流、本質和現象的關係，基本上還是可以搞清滇、昆明及其鄰近地區青銅文化的族屬的。通過研究，初步結論是：滇池區域青銅器的主人——滇人是古代百越民族中的一支；滇西地區青銅器主要是昆明人創造的；滇西北石棺墓是南遷的北方游牧民族白狼（白蘭，屬古羌人中的一支）人的墓葬；滇南地區青銅文化的創造者也是百越民族，他們和滇池區域屬于百越的滇人雖有關係，但也有差異。滇池區域吸收了更多的外來文化，包括中原地區的漢文化。

（一）滇池區域青銅文化的族屬

滇池區域青銅文化的主人——滇人是古代百越人的一支[29]。主要根據如下：

1、根據文獻記載。《華陽國志·南中志》載：「南中在昔蓋夷、越之地。」同書《蜀志》也說：「（蜀）東接于巴，南接于越。」按古代所說的「南中」，主要是指現在的雲南。當地多夷、越民族，夷是滇西地區的昆明及滇西北地區的游牧民族，越即滇池區域和滇南地區的百越民族。

東漢以來，雲南的越人又多以「僚」、「鳩僚」或「鳩民」稱。《後漢書·西南夷傳》

說：「武帝元鼎六年（前一一一年）平南夷，爲牂牁郡。夜郎侯迎降，天子賜其印綬，後遂殺之。夷、僚咸以竹王非血氣所生，甚重之，求爲立後。」按漢代牂牁郡共十七縣，其中十一縣在今雲南東部，當地的「僚」人即越人。又《華陽國志．南中志》説：「建寧郡……談稾縣有濮、僚。」此「僚」人也是百越民族。《太平御覽》卷三百五十六引郭義恭《廣志》説：「僚在牂牁、興古、郁林、蒼梧、交趾……」進一步證實西南地區的所謂僚人，實際上就是古代越人。

2、根據出土文物。從新石器時代晚期開始，滇池區域就有百越文化遺物，青銅時代的出土更多。

有肩石斧和有段石錛。我國有肩石斧和有段石錛絶大部分分布在長江以南地區，考古界普遍認爲此類石器和古代百越民族有關。滇池區域也發現有肩石斧，多用灰白色砂岩製成，扁平體，肩部爲直角形，刃部呈斜坡狀，通體磨光。與廣西左、右江流域的有肩石斧相似。滇池區域出土有段石錛更多，一般用黑色的角質岩和砂岩製成，長條形，中段突起一道横脊，似臺階狀，通體磨光。與我國東南沿海的有段石錛基本相同。

靴形銅斧。此類器物刃部兩側不對稱，形似近代的切皮刀。靴形銅斧在廣西、湖南、浙江及越南東山文化中都有出土，考古界大多數認爲它是百越文化遺物。晉寧石寨山也有靴形銅斧出土。説明滇池區域的古代民族和古越人有一定的淵源關係。

銅鼓。無論銅鼓起源于我國長江以南的什麼地方，最先由哪個民族使用，後來又有哪些民族共同使用，這一系列問題我們均可暫置不論。但一個不容忽視的事實是：百越民族普遍使用銅鼓，銅鼓是百越民族的「重器」，從文獻記載和考古資料中都可以得到證實。據《後漢書．馬援傳》載：「援好騎，善别名馬。于交趾得駱越銅鼓，乃鑄爲馬式。」儘管駱越的確切地點目前尚有爭議，但此銅鼓出自「百越」地區似無疑問。又《後漢書》李賢注引裴淵《廣州記》説：「俚、僚鑄銅鼓，鼓爲高大爲貴，面闊丈餘。初成，懸于庭。克晨，置酒招致同類，來者盈門。」俚、僚均屬越系民族，説見前文。滇池區域共出土銅鼓三十餘具，使用這些銅鼓的民族，當和古越人有關。

插圖九　滇青銅器上的滇人形象

銅桶。呈貢天子廟墓地出土銅桶三件，器形大致相同，唯裝飾附件和花紋有別。其中一件製作精美，爲雲南青銅文化之精品。圓形蓋，蓋面略鼓起，中央鑄鼓形圓臺，臺上焊接一立牛，形體較大；蓋邊緣焊接四牛，形體較小。蓋側有對稱的貫耳，與桶身口沿之犬形耳相對。桶壁近直，平底，底下焊接三矮足。桶蓋和桶身均鑄有和銅鼓相似的暈圈，蓋部四暈，桶身十二暈，主要有三角齒紋、同心圓紋、弦紋、鳥紋、牛紋及「競渡」紋等。此類銅桶亦見于廣西貴縣羅泊灣漢墓，越南東山文化中也有出土，可能是古越人特有的文化遺物。

3、根據髮形、服裝。據《史記·陸賈列傳》說：南越王佗「魋結、箕踞以見陸生」。《索隱》曰：「爲髻一撮，似椎而結之。」按魋、椎即圓形木錘，用以擊鼓。故《說文》木部云：「椎，所以擊也。」又《隋書·地理志》說：「自嶺南二十餘郡，大率土地下濕，皆多瘴癘，人尤夭折。……椎髻、箕踞，乃其舊風。」以上記載都說明，古代越人普遍流行椎髻，即將髮總掠于頭頂成髻，似擊鼓之圓形木錘。《史記·西南夷列傳》說：「西南夷君長以什數，夜郎最大；其西靡莫之屬以什數，滇最大；自滇以北君長以什數，邛都最大。此皆魋結（《漢書·西南夷傳》作「椎結」）、耕田，有邑聚。」此知滇池區域的古代民族也流行椎髻，和嶺南地區的越人一樣。從滇池區域青銅圖像上，也可以看出當地民族無論男女、貴賤均以椎髻爲其特徵（插圖九）。他們都將髮總掠于頭頂結爲一髻，一般男子之髮髻多在其頭頂，婦女則下垂至後頸。有的髮髻上繫一飄帶，以示美觀。

關于百越民族的服裝，古文獻上僅有片段記載。如《太平御覽》卷七百九十一引《永昌郡傳》說：「興古郡……皆號鳩民。鳩民咸以三尺布角割作兩襜。」同書卷一百六十七《欽州風俗》說：「又有僚子……椎髻、鑿齒、赤褌、短褐。」根據上述記載，古代越人多穿一件用三尺布幅割作前後兩大塊的無袖或短袖上衣，一般不着褲。滇池區域古代民族的服裝與百越民族相似。從青銅器圖像看，婦女皆服一件寬大對襟的短袖外衣，衣長及膝。着時不繫不扣，使胸前之內衣微露。大多不着褲，皆跣足。男子的服裝與婦女略同，但衣袖更窄且短，腰中多有帶束之。不着褲，有的胯下繫一寬帶，上束至腰際。從服裝上也可說明滇池區域古代民族和越人有一定的淵源關係。

4、根據風俗習慣。古代百越民族有許多特殊的風俗習慣，不僅我國北方民族中從未見過，南方民族中也不普遍。

獵頭。越人十分迷信鬼神，往往要舉行許多祭祀儀式，獵頭祭鬼即其中最野蠻、殘酷的風習之一。據《魏書·僚傳》説：「其俗畏鬼神，尤尚淫祀。所殺之人美鬢髯者，乃剝其面皮，籠之以竹。及燥，號之曰鬼，鼓舞祀之，以求福利。」《後漢書》李賢注引萬震《南方異物志》也説：「烏滸（越系民族之一），在廣州之南，交州之北。恆出道間，伺候行旅，輒出擊之，利得人食之，不貪其財貨，并以其肉爲肴葅，又取其髑髏破之以飲酒，以人掌趾爲珍異，以食老也。」又《太平御覽》卷一百六十七《欽州風俗》説：「又有僚子……專欲食人，得一人頭，即得多婦。」以上都是古文獻上關于越人「獵頭」習俗的記述。滇池區域青銅器上不只一處出現獵頭圖像。如江川李家山墓地出土一件銅斧，其上雕鑄三個椎髻男子，手中各持兵器。其中一人騎馬，二人步行，騎馬者手提人頭作喜悦狀。看樣子，他們剛從某地獵獲人頭，正在返回村寨。李家山墓地還有一件青銅劍，其柄部鑄一大嘴利齒之人，似爲巫師。此人一手持刀，一手提一人頭，雙腿下蹲作跳躍狀，似做某種祭祀活動。説明滇池區域的古代民族和古越人一樣，都有獵頭習俗。

紋身。越人普遍流行紋身，古文獻上屢見不鮮。如《莊子·逍遥游》説：「宋人資章甫適諸越，越人短髮文身，無所用之。」《史記·楚世家》也説：「越王勾踐，其先禹之苗裔，封于會稽，以奉守禹之祀。文身斷髮，彼草萊而邑焉。」越人爲什麼要紋身，張守節《正義》解釋説：「常在水中，故斷其髮，文其身，以象龍子，故不見傷害。」滇池區域古代民族也有紋身習俗。如晉寧石寨山銅鼓上刻一盛裝的騎士，此人頭飾雉翎和髦牛尾，身披華麗的披風，在其裸露的小腿上刻着一條蛇；另有一件青銅劍，其刃部刻着一個手持短劍的裸體武士，正在和一隻老虎搏鬥，此人腿上方有花紋。因紋身必須要在裸體人物圖像上方可看到，滇池區域青銅器上的人大多着衣，因此即便有許多人紋身，也是不容易看到的。

跣足。越系民族多跣足，這大概和他們生活在雨水較多、江河密布的長江以南有關。《韓非子·説林》載：「魯人身善織屨，妻善織縞，而欲徙于越。或謂之曰：子必穹矣，魯人曰：何也？曰：屨爲履之也，而越跣行；縞爲冠之也，而越人被髮。以子之所長，游于不用之國。」越人跣行歷史悠久，直至近代雲南百越民族的後裔，如壯、傣等民族，仍無穿鞋的習慣。從滇池區域青銅器上的人物圖像看，無論男女、貴賤均不穿鞋，即使在隆重的祭祀儀式上或激烈的戰鬥場面中，連主祭人和指揮官都赤着脚。正如《蠻書·蠻夷風俗》説：「俗皆跣足，雖清平官、大軍將亦不以爲恥。」

祭銅柱。越人祭祀場所中大多立有銅柱。銅柱是百越民族的崇拜物，直至唐代末期，嶺南地區仍有此俗。據《十國春秋》卷六十八説：「溪州西接牂牁、兩林，南通桂林、象郡。王（楚王馬希範）素稱馬援苗裔，敬法伏波將軍故事。以銅五千斤，鑄柱立于溪州，柱高丈二尺，入地六尺，命學士李宏皋銘之，勒誓擾于上。自是，寧州蠻莫彦殊以所部温、那等十八州，都雲蠻尹懷昌率其昆明等十二部，牂牁蠻張萬濬率其彝、播等七州，皆前後來附。」楚王馬希範統治嶺南地區時，不僅附托爲伏波將軍馬援之後，還用馬援當年在駱越立銅柱盟誓的辦法約束當地越人。于是，「溪州之將佐銜思向化」，就連周圍少數民族的頭人，也都相率歸附了。銅柱有如此大的號召力，這顯然和「百越」民族歷來崇拜銅柱，視銅柱爲神物的傳統習俗有關。滇池區域青銅器上也有當地民族崇拜銅柱的圖像。如晉寧石寨山出土一件貯貝器蓋上有「殺人祭銅柱」場面，柱高約等兩人之身高，直徑與人的腰圍相近（與同一場面中銅鑄人像相比）。柱下端横躺一鰐魚，中段蟠繞二蛇，頂端立一虎。參與祭祀者多圍繞銅柱，有的奉獻祭品，有的跪于柱旁。其側豎立一木牌，牌上縛一待殺之裸體奴隸。此情景，與越人視銅柱爲神物完全相同。

居「干欄」。越人喜居「干欄」式房屋，古文獻上每有記載。如《魏書·僚傳》云：「依樹積木以居其上，名曰干欄。干欄大小隨家口之數。」《新唐書·南蠻傳》也説：「南平僚，東距智州，户四千餘……人樓居，梯而上，名曰干欄。」又《太平寰宇記》卷八十八《昌州風俗》：「（僚）懸虚構屋，號閣欄。」滇池區域古代民族也多居「干欄」式房屋，晉寧石寨山和江川李家山墓地出土的青銅器上多有此類圖像。按「干欄」式建築爲木結構樓房形式，人居其上，畜居其下，中間有樓板相隔。從滇池區域青銅器圖像看，此類建築的兩側及前後均有巨柱上承屋頂，四周又有小柱支撑。頂多「懸山」式，其上有木板覆蓋。上層四周多有欄杆，用一獨木梯與地面連接。雲南許多少數民族，至今仍居住「干欄」式房屋，據説有防潮濕、防野獸等作用，夏天也很凉爽。

長于操舟。越人多居江河、湖泊沿岸，習于水上生活。《淮南子·齊俗訓》説：「胡人便于馬，越人便于舟。」《漢書·嚴助傳》也説，越人「習于水門，便于操舟」。滇池區域青銅器上亦有不少操舟圖像。如晉寧石寨山一件銅鼓上有船紋，船上共有十五人，除一人持小旗立于船頭作指揮外，其餘十四人分爲七組，每組二人并肩而坐，手中各持一槳作劃動狀。類似的操舟圖像較多，説明滇池區域古代民族也便于操舟，和古越人一樣。

不避媾合。古代越人的家庭和婚姻制度都不很完備，很大程度上帶有原始的群婚制殘餘，因此在性行爲上就不會受到更多的限制。《後漢書·西南夷傳》説：「又住越之民，無嫁娶禮法，各因淫好，無適匹對，不識父子之性，夫婦之道。」這裏説的可能存在一定的偏見，但或多或少總是反映了越人當時的一些真實情況。滇池區域青銅器上有幾處媾合圖像，有的出現在人物衆多的祭祀場面中。這些男女媾合形象出現在衆目睽睽的公開場合，在漢族文人眼裏，自然被認爲是無「父子之性，夫婦之道」了。但在滇池區域古代民族中却不以爲然，而且有它特殊的含意。馮漢驥先生認爲，古代某些後進民族，爲恢復土地的繁殖力，往往要舉行一種所謂的「孕育」儀式。凡舉行此儀式時，媾合活動亦隨之出現。四十年前，雲南有的少數民族仍有此俗，只不過將原來的媾合動作改爲模擬式的舞蹈，而且僅限于青年男女。據説舉行此儀式後，就可以人丁興旺、清吉平安。

綜上所述，我們認爲古代越人的文化特徵和滇池區域青銅文化相似，説明兩者之間有一定的族屬關係。需要説明的是，古代滇池區域的民族比較複雜，除人數較多、占統治地位的越人的一支——滇人外，還有部分濮人、叟人和昆明人等。

這裏附帶説明一下，有的研究者認爲，滇池區域青銅文化是由濮人創造的，濮人是當地的主體民族[30]。因爲石寨山青銅器上有「衣着尾」的濮人形象，和古文獻記載相同。我并不否認滇池區域古代確有濮人，儘管《史記·西南夷列傳》從未提起當地的濮人，但從青銅器圖像

插圖一〇　滇青銅器上的濮人形象

看，濮人的髮形、服飾和主體民族越人差別甚大。一般濮人婦女多將髮辮上梳掠，至頭頂稍後折叠成髻，中間以帶束之，似馬鞍形；男子亦多椎髻，但多在頭頂偏後，有的髻上束有帶。濮人男女均穿窄袖長衣，後襟較長。尤其男子的後襟更長，有的下垂至地，似長尾。這樣的服裝在當地滇人中是從未有過的。見于滇池區域青銅器圖像中的濮人有：放牧場面中執杆驅馬的牧奴，播種場面中的抬肩輿者（插圖一〇），上倉場面中的接糧入倉者、執傘者、舞蹈及奏樂者，祭祀場面中的宰殺牛羊者、捧物進食者。從滇池區域濮人所從事的工作來看，他們顯然不是主體民族，即占統治地位的民族。正如我在前文中所説，他們和昆明人一樣，都是滇池區域主體民族百越一支——滇人的奴隸或被征服的民族。不同的是，濮人主要是家內奴隸，而昆明人則是被奴隸主任意捆吊、拷打，甚至作爲買賣的商品或祭祀用的犧牲品。

（二）滇西地區青銅文化的族屬

我們認爲滇西地區青銅文化主要是由昆明人創造的[31]。主要根據如下：

1、根據文獻記載。據《史記·西南夷列傳》，昆明人主要分布在「西自同師以東，北至楪榆」。因此搞清同師、楪榆地域是至關重要的。楪榆即今大理白族自治州。《元史·地理志·大理路》説：「本漢楪榆縣也。」景泰《雲南圖經志書》也説：「大理府，古名楪榆。」至今大理仍有「榆城」之稱。同師地望不詳。今按王先謙《漢書補注》卷九十五引沈欽韓説：「同師，《漢志》作同并，蓋棣體相似，在曲靖沾益北。」此説不可取，兩《漢志》均有同并縣，屬牂牁郡，與同師無涉。如以沈欽韓説，同并即同師，那麼「西自同師以東」的昆明人，就全部到今貴州省內了，與緊接下句的「北至楪榆」顯有矛盾。同師非同并是可以肯定的。那麼同師到底在什麼地方呢？今按《史記·西南夷列傳》説：「夜郎者，臨牂牁江，江廣百餘步，足以行船。南越以財物役屬夜郎，西至同師亦不能臣使也。」此處雖未明確同師地望，但已説明在西距夜郎較遠的地方。又《華陽國志·南中志》在追述雲南古代民族時説：「南中在昔蓋夷、越之地。滇、濮、昫町、夜郎、楪榆、桐師、巂唐王國以十數。」值得注意的是，文中將同師列在楪榆和巂唐之間，説明三者地理毗鄰。楪榆地望已如前述，巂唐在今保山西南。那麼同師很可能在今大理西南、保山東北的瀾滄江河谷。需要説明的

插圖一一　滇青銅器上的昆明人形象

是，《史記．西南夷列傳》只說昆明人分布在「西自同師以東，北至楪榆」，并未明確東、南部各至何地。近年滇西地區發現的考古資料證實，戰國至西漢初，今祿豐、牟定以西出土的青銅器，諸如弧肩形銅斧、山字形格銅劍、凹口形銅鋤、窄邊銅鐲等，與洱海區域的青銅器基本相同；而祿豐以東的青銅器，則和滇池區域完全相同。這就是說，昆明人分布區的東界已接近滇池區域。昆明人分布區的南界目前還難以確定，大致在今臨滄和西雙版納以北地區，因爲這一帶也發現過少量滇西青銅文化遺物。

2、根據髮形服飾。《華陽國志．南中志》說：「南中在昔蓋夷、越之地……夷人大種曰昆，小種曰叟，皆曲頭、木耳、環鐵、裹結。」文中所說的「昆」即「昆明」，爲夷人中的大種，亦即多數派。昆明人的裝飾特徵爲：曲頭、木耳、環鐵、裹結。因爲這段文字過于簡略，過去人們多不解其意，甚至引用此文時在斷句上亦各有不同。現在我們根據出土文物，試作如下解釋：

所謂曲頭，是古代昆明人的一種束髮工具，亦可稱作頭箍或髮箍。原物用薄銅片彎曲而成，其上有乳釘紋、鳥獸紋等。兩端有穿孔，便于繫索緊束，大小與人的頭圍相等。此頭箍在劍川縣沙溪鰲鳳山墓地出土四件，寬三至四厘米，直徑二十厘米左右。出土時在死者頭部，可以肯定是頭部的束髮工具或裝飾品。

上述髮箍亦見于晉寧石寨山十三號墓出土的一件貯貝器上。這件貯貝器的蓋上共雕鑄七組不同少數民族向滇王納貢的場面，其中第四組爲二人，前一人蓄辮髮，頭上戴一髮箍，耳部佩戴下垂至肩的大耳環，衣長及膝，身側佩短劍，脛上有裹腿；後一人服裝、髮式如前一人，但脛上無裹腿，亦未戴耳環，但頭部有髮箍。這組人物形象，很明顯就是滇西地區辮髮的昆明人（插圖一一），他們頭上的圓形裝飾品即劍川鰲鳳山墓地出土的頭箍或髮箍，也就是《華陽國志．南中志》上所說的曲頭。

木耳是昆明人佩戴的大耳環，原爲木製，故名。晉寧石寨山青銅器上有昆明人形象，其耳部多佩下垂至肩的大耳環，可能就是木製品（如爲銅製則重量太大，不宜懸掛于耳端）。此類木耳環，在呈貢黄牛山墓葬中出過幾件殘器，環寬一厘米左右，直徑約四厘米。大概因木耳環

插圖一二　滇青銅器上的嶲人形象

是昆明人普遍使用的一種裝飾品，因此我國古代文獻上又稱昆明人爲木耳夷。如《太平寰宇記·嶲州風俗》說：「木耳夷死，積薪燒之。烟正則大殺牛羊相賀，若遇風，烟旁散乃大悲哭。」《水經·温水注》也說：「温水（南盤江）又經味縣（今曲靖）……水側皆高山，山水之間悉是木耳夷居。」此木耳夷都是指昆明人，他們原居于洱海區域，後來向金沙江兩岸及滇池區域擴張，成爲當地少數民族之一。

環鐵即鐵手鐲。祥雲縣檢村墓地出土兩件，器形與當地的窄邊銅鐲相似，很可能是由銅鐲演變來的。

裹結的含意不十分明確，也許是指昆明人的髮形而言的。不過《史記·西南夷列傳》明確説昆明人爲辮髮，而《華陽國志·南中志》却説是裹結，豈不矛盾。這個問題，我是這樣理解的：戰國至西漢初，昆明人確曾流行過辮髮，這從文獻記載和考古資料中都可以得到證實。後來他們不斷向滇東地區移動，由于和當地邛都、滇、夜郎等椎結民族雜居，自東漢以來，昆明人也開始流行椎結。不同的是，他們頭上多用布包裹，以便與其他椎結民族區別。近代昆明後裔諸族，仍用布裹其髮髻，有的用布長二至三丈。

據以上分析，滇西地區青銅文化主要是由昆明人創造的。當然，滇西地區範圍廣闊，民族衆多，除人數較多的昆明人外，還有嶲人（插圖一二）、斯榆、苞蒲等少數民族。不過他們後來多被昆明人擠走或融合，滇西地區人數最多、占統治地位的民族始終是昆明人。

（三）滇西北石棺墓的族屬

滇西北德欽、中甸、麗江等地，近年來發現數量較多的石棺墓。關於石棺墓的族屬，目前學術界雖有爭論，但大多數學者都認爲此類墓葬的主人是南遷的北方游牧民族。其根據有三：一是石棺墓的形制及隨葬品，都不是雲南土著民族的傳統文化；二是雲南最早發現的北方草原文化遺物，大多出自石棺墓中，因此石棺墓的主人很可能是最早遷入雲南的北方游牧民族；三是滇西北地區的石棺墓并非孤立存在，它們和川、藏交界的石渠、貢覺、新龍、義敦、巴塘、芒康等地的石棺墓連成一片，和我國北方的石棺墓也有一定的關係㉜。以上三點確立後，再來具體討論滇西北地區石棺墓的族屬問題。

插圖一三　滇青銅器上的羌人形象

據《後漢書·西南夷傳》載，漢武帝初開西南地區時，其直接統治範圍尚未到達今雅隴江以西、以南地區。至天漢四年（前九七年），方「置兩都尉，一居旄牛，主徼外夷；一居青衣，主漢人」。按漢代「徼外夷」的成分比較複雜，它幾乎包括整個雅隴江以西、甘孜以南（包括滇西及滇西北地區）尚未完全內屬的所有少數民族。其中有昆明和巂人，也有筰人和白狼（又稱白蘭）人等。從考古資料證實，昆明、筰人等古代民族均流行土坑墓，唯白狼葬制不明。那麽滇西北地區的石棺墓會不會是白狼人的墓葬。爲此我們還得先從白狼的分布區域及其與石棺墓的關係説起。據《後漢書·西南夷傳》載：「永平中，益州刺史梁國朱輔好立功名，慷慨有大略，在州數歲，宣示漢德，威懷遠夷。自汶山以西，前世所不至，正朔所未加。白狼、槃木、唐菆等百餘國，户三十萬，口六百萬以上，舉種奉貢，稱爲臣僕。輔上書曰：……今白狼王、唐菆等慕化歸義，作詩三章，路經邛崍大山零高版，峭危峻險，百倍岐道。」這裏雖未明確白狼人的分布地區，但已告訴我們在汶山以西，邛崍大山以外，距都尉治所旄牛地（今四川西昌）較遠的地方。按漢代汶山郡，主要是根據冉駹舊地設置的，在今四川阿壩自治州東南部。邛崍即大相嶺，王先謙《漢書補注》云：「邛崍，即清溪縣之大相嶺是也。」白狼等少數民族去蜀既經邛崍大山，其分布必在今雅隴江以西、甘孜以南廣大地區。又《華陽國志·南中志》説：「白蘭（狼）峒九種之戎，牛馬、旄氊、斑罽、青頓、毞毲、羊羖之屬特多。土地剛鹵，不宜五穀，唯種麥，而多冰寒，盛夏凝凍不釋。」《白狼歌》也説：「荒服之外，土地墝埆」，「食肉衣皮，不見鹽穀」，「高山岐峻，緣崖磻石」。以上描述，也都符合雅隴江以西、甘孜以南的自然景色。上述地區正是石棺墓的主要分布區，因此考古界普遍認爲川西及滇西北地區的石棺墓，是古代白狼人及其先民的墓葬。他們原來是北方游牧民族古羌人中的一部分（插圖一三），後來沿金沙江及瀾滄江河谷進入西南地區，成爲雲南古代民族之一。

（四）滇南地區青銅文化的族屬

我們認爲滇南地區青銅文化也是由古越人創造的㉝。

1、根據出土文物。滇南地區青銅文化雖未經正式發掘，但各地出土的青銅器較多，對探討其族屬仍有一定的參考價值。從新石器時代晚期起，滇南地區就發現許多有肩石斧和有段石錛，與我國東南沿海和兩廣地區越人文化相似。如麻栗坡、紅河、金平及河口等地的有肩石斧（肩部爲直角形），與廣西左、右江流域的有肩石斧相同㉞；孟連老鷹山和西雙版納曼金蘭出土用礫石打製的石網墜，亦見于臺灣大岔文化和福建的建甌、建陽遺址㉟；紅河流域的有段石錛，也和東南沿海相同。說明滇南地區的新石器文化和兩廣及東南沿海的新石器文化是有一定淵源關係的。

青銅時代，滇南地區仍有有肩銅斧出土，和當地的有肩石斧相似；此外還有靴形銅斧、一字形格銅劍、尖葉形銅鋤、船紋銅鼓等，亦見于滇池區域、廣西和越南東山遺址，都屬于古越人文化遺物。

2、根據文獻記載。我國古文獻記載中，也多說滇南地區爲越人分布區。據《史記·大宛列傳》說：「昆明……其西千餘里有乘象國，名曰滇越。」又《華陽國志·南中志》說：「興古郡，建興三年（公元二二五年）置，屬縣十一，多鳩僚、濮。」《太平御覽》卷七百九十一引楊終《永昌郡傳》也說：「興古郡，在建寧郡（蜀漢時改益州郡爲建寧郡，郡治味縣，今曲靖）南八百里，郡領九縣，徑千里，皆有瘴氣……九縣之民，皆號鳩民。」按興古郡在今紅河州至西雙版納地區，當地之鳩僚、鳩民都是百越民族。《華陽國志·南中志·永昌郡》又說：「永昌郡，古哀牢國，哀牢山名也。其地東西三千里，南北四千六百里……有閩濮、鳩僚、僄越、裸濮、身毒之民。」按永昌郡即今保山、德宏、臨滄等地，當地民族複雜，人口衆多。其中僄越、身毒之民爲緬甸、印度僑民；閩濮、裸濮爲南亞語系孟高棉民族；鳩僚即越人，說見前文。出土文物和文獻記載都說明古代滇南地區爲越人分布區，當地的青銅文化自然也是由越人創造的。

三　滇、昆明青銅器製作工藝

（一）鑄造技術。目前雲南尚未發現較完整的冶鑄遺址，對研究滇與昆明青銅器鑄造技術有一定難度。不過近年雲南出土的大量青銅器上多留有鑄造痕跡，如果仔細分析、研究這些殘留物，再結合近代雲南青銅器鑄造的傳統工藝，揭示古代滇、昆明青銅器鑄造技術是完全可能的。

滇、昆明青銅器鑄造技術，概括起來説主要有以下幾種：

1、範模鑄造法。範模鑄造，是古代雲南青銅器鑄造中最常見的一種，在技術上并不是十分複雜。但要鑄造像銅鼓和牛虎銅案一類器形和紋飾都比較複雜的大型鑄件，鑄造時如何巧妙、靈活地使用範模，就全靠工匠們的精心安排和熟練應用了。

銅鼓是西南地區古代民族普遍使用的一種打擊樂器，鼓面和胴、腹間多鑄有繁縟的花紋。根據大量出土銅鼓的實物觀察，要鑄造如此複雜的大型鑄件，其工藝流程至少要有製範、澆鑄和修飾等三個不同步驟。

製範。鑄造任何一件青銅器，都必須先製成內模，然後以模翻範。鑄造銅鼓也一樣，先根據其器形和大小，製出一個泥土的模型，再將預先設計好的花紋圖案刻在泥模表面，最後用此泥模（內模）翻出外範（一般爲對稱的兩塊或四塊）。翻範時，內模的花紋必須全部翻印在外範上，而且要清晰、飽滿。爲了澆鑄時不因銅液的高温和壓力使拼對的外範錯位，在其分割線的邊緣設有三角形榫眼，使每一塊外範錯制相銜，不易移動（雲南早期銅鼓因無固定的榫眼，以致外範在澆鑄時錯動約二至三毫米）。

外範翻製後，要用温火烘干。如此時發現翻出的花紋不够清晰，仍可進一步修飾。一般內模爲實心，澆鑄時完全可以承受銅液的高温和壓力而不致爆裂。但外範較薄，爲了避免澆鑄時損壞，在其外部需敷草拌泥和用麻繩捆扎，以增加其強度。內模、外範分別製成後，按照銅鼓的厚度要求，要均匀地刮去內模表面的一層，所刮厚度，即鑄出銅鼓的壁厚（也許當時已有控制厚度的簡單機械設施，否則難以均匀地刮去內模表面一層）。澆鑄時，內模和外範套合一起，中間用特製的支釘相隔（支釘不僅可以隔離內模和外範，也起固定作用），以防止範、模錯位，使鑄件厚薄不均。

澆鑄。澆鑄銅鼓一類的大型鑄件，需要大量銅液。因此，不僅要有專門的熔爐或一定數量的坩堝，還需有鼓風設備和一批分工很細、技術熟練的手工操作者。當銅液熔出後，要有幾個或十幾個通力協作、配合默契的工匠同時澆鑄，使銅液不急不緩，連續不斷地流入範腔。

修飾。當銅液進入範腔達到飽滿狀態後，澆鑄工序至此結束。待其冷却，剝去外範，挖出内模，一件粗制的銅鼓即已形成。此時要將鼓身的範鑄縫及支釘痕跡修理平整，若有沙眼，也需填補。花紋不够飽滿清晰的仍可修飾，不過這只是一道補充工序，因爲銅鼓上的花紋在澆鑄時早已定型了，即使修飾，亦無法改變花紋的整體布局。

在範模鑄造中，更值得一提的是江川李家山二十四號墓出土的一件牛虎銅案。此案表面光滑平整，看不出有因分型殘留的範鑄縫和修理痕跡，使人有不用失蠟法就無法成型的感覺。但仔細觀察，它并不是用失蠟法鑄造，而是用普通的範模，經工匠們的巧妙安排和靈活應用鑄成的。

此牛虎銅案出土時牛角已脱落，從它和牛頭接縫的痕跡看，顯然是分别鑄成後又合鑄在一起的。牛頭、牛身及尾端之虎爲一次鑄成，但牛和虎的身軀各成空腔，説明鑄造時各有内模。而虎身又懸空于牛尾，可見其内模也是懸空的。從鑄造學觀點看，懸空内模是很難處理的。因爲其内模必須要准確無誤地固定在一個預先設計好的適當位置上，不能有任何的移動和錯位，否則鑄出的青銅器就會變形，甚至完全報廢。

澆鑄此銅案時，先將鑄好的牛角嵌入整個鑄範的准確位置，再將案身各個部位的内模和外範用支釘固定在一起。澆鑄時，案面嚮下，四脚嚮上，銅液從澆鑄孔中徐徐而入，直至充滿範腔將内模全部淹没爲止。大牛腹下的小牛是分别鑄好後再焊接一起的（主要是爲使案身平衡），由于焊接痕跡處理得干净利索，使人誤以爲是和大牛一起鑄成的。

2、地坑範鑄造法。一般地坑範多適用于鑄造平板薄壁的大型鑄件，如祥雲縣大波那出土的銅棺。此類鑄範製作較特别，即先平整出一塊地面，然後挖掘成與鑄件形狀、大小相等的土坑，坑之深度與鑄件的厚度相近。土坑底部及四壁必須平整、光滑，再將預先製好的板面花紋鋪于坑底，板上花紋必須嚮上，板與板間用稀泥抹平。澆鑄時，將銅液徐徐注入坑内，如菜地澆水狀。待其冷却，毁範取件，一個平板狀的鑄件即形成。經過修飾，即成爲理想的青銅器。

地坑範鑄造法操作雖易，但製範困難，尤其是鑄件上只一面有花紋，爲該鑄造法的缺點。祥雲縣大波那出土的銅棺共用七塊銅板組成（板與板間有榫眼和插銷，可裝可卸），每塊板的一面有花紋，另一面爲糙面。此類鑄件，顯然就是用地坑範鑄造的。

3、夯築範鑄造法。滇池區域出土的青銅器圖像上，不只一處出現有銅柱（大多爲祭祀儀式中的崇拜對象）。此類銅柱都是實心鑄件，柱上盤繞蛇，有的頂端立一牛或虎。柱高約二人之身高，直徑略大于人的腰圍（與同一圖像中的人像比較）。因爲滇國銅鑄藝術品都是寫實的，而且是按照實物的一定比例製作的。説明我國西南地區青銅時代確有銅柱實物的存在。此類大型鑄件，用普通青銅器的鑄造方法是很難鑄成的，所用鑄範，很可能是一種特製的夯築範。

一般夯築範，多適應于大型實心鑄件的鑄造，如銅柱和鐵柱等。鑄造時，先製出一個與鑄件完全相同的泥模（包括花紋和裝飾附件），然後將泥模豎立，在其四周加上木板邊框，邊框與泥模間用一定濕度的泥土夯實。最後將泥模粉碎取出，這樣邊框夯土中就會形成一個與鑄件相同的空腔。澆鑄時，銅液可直接注入範腔，直至注滿爲止。待其冷却，剥去邊框和夯土，一件大型實心鑄件即鑄出。

4、填範鑄造法（即空腔器物的鑄造）。滇、昆明青銅器中，有部分器物爲空腔鑄件，如葫蘆笙和空心柄銅劍等。此類青銅器用一般範模很難鑄造，採用的正是所説的填範鑄造法。

通常鑄造銅斧、矛之類的有銎器物，其鑄範均由兩塊外範和夾在中間的泥芯（內模）組成。不過上述泥芯的一端必須露出範外，澆鑄完畢，仍可直接取出。填範鑄造的泥芯設置與一般鑄造法不同，它必須將泥芯（內模）完全填入外範內，只能用支釘和範壁相連。內模和外範之間的距離（亦即支釘的長度），就是空腔鑄件的壁厚。澆鑄時，由于內模完全浸泡在範內的銅液中，不能再完整取出，所以只能在人爲的鏤孔或支釘形成的小孔中，用一尖狀物將內模戳碎倒出，內模空出的地方，就是鑄件的空腔部分。如銅葫蘆笙，整體爲一封閉式的鑄件，只有腹部供插竹管的孔洞和柄端的吹孔與外壁相通。此類青銅器的內模只能由小孔中戳碎倒出，因爲葫蘆笙的外壁并無鑄縫痕跡。

5、套接鑄造法。晉寧石寨山和江川李家山墓地出土的馬銜和提梁壺上的鏈條，都是環環套接的青銅鑄件。此類器物的鑄造方法是，先用一般範模鑄造法鑄出第一個圓環，然後將此環嵌入另一鑄範的適當位置，以此環作爲第二次鑄造的內模。這樣連續套接鑄造多次，即可得到環環扣合、活動自如的鏈狀器物。

6、失蠟法鑄造。滇池區域墓葬中，出土許多器形複雜的房屋模型和有人物、動物活動場面的裝飾品。此類青銅器表面光滑平整，看不出有任何範鑄痕跡，如果不用失蠟法鑄造，很難達到如此完美的效果。

一般青銅器鑄造，都必須先製內模，然後以模翻範。如鑄造比較複雜的青銅器，其外範在脱模時就得剖割成若干塊；如果器形再複雜一些，比如展翅飛翔的雄鷹、栩栩如生的銅鹿、奔馳原野的駿馬等，其外範往往要剖割成十餘塊乃至數十塊。這樣的鑄件在澆鑄時，不僅外範的固定和拼對十分不便，鑄出的青銅器表面也會斑痕交錯，有損美觀。失蠟法鑄造和上述以模翻範鑄造法的最大區别就在于，它的內模是蠟製的（除用一般的蜂蠟外，還要加部分動、植物油，使其在常温下不熔不脆）。也就是説，要將鑄造的器物先製出蠟模，然後在蠟模的外表敷泥成範，并留出澆鑄孔。待外範稍干後，經高温焙燒，使範內的蠟模熔化，蠟液從澆鑄孔中流出，此時範內就會形成一個與蠟模完全相同的空腔。澆鑄時，銅液從澆鑄孔注入範腔，冷却後剝去外範，即可得到既無外範分割線、表面又光滑美觀的銅鑄件。實踐證明，失蠟鑄造工藝不僅在我國，在世界鑄造史上也是很了不起的。

（二）加工工藝。滇、昆明青銅器的加工工藝，常見的有以下幾種：

1、鍛打。滇國青銅器中有許多爲薄壁件，如鋸片、打緯刀、刻紋銅片和腿甲、肘甲等。此類青銅器的壁厚僅一至二毫米，使人有一觸即碎的感覺。我們以爲，這些薄壁件製品，很可能是先鑄成較厚的板材，再經反復鍛打形成的，也可能有的是用銅塊直接打製的。據説近代雲南民間普遍流行一種傳統的鍛打工藝，工匠們用一把錘子，就可以將一塊銅邊燒邊打，不僅能打出器形簡單的裝飾品，也可以打製茶壺、燭臺一類較複雜的銅器。實踐證明，鍛打銅器往往比青銅鑄件更加結實和富有韌性。

2、壓模。江川李家山墓地發現整塊的銅背甲，是用薄銅片按照人的背部形狀製作的。背甲的正面有突起的獸面紋，背面有和正面花紋相應的凹陷處。此類青銅器，很可能就是用壓模的方法製成的。所謂壓模法，就是將鍛打成整塊的薄銅片，置于用金屬或石製的範模間，然後在模上施加壓力（或鍛打），使銅片下陷，這樣就可以製出數量較多、規格統一的銅背甲。同樣的方法，也用于金劍鞘的製作上。如晉寧石寨山墓地出土許多規格統一、紋飾相同的金劍鞘（多用于銅柄鐵劍），也可能是用壓模的方法製成的。

3、鎏金。鎏金是滇、昆明青銅器上常見的一種加工技術，楚雄萬家壩墓地就有公元前六世紀的鎏金青銅器出土。目前發現的鎏金銅器還有貯貝器上戰爭場面中的指揮官，紡織場面中監督奴隸勞動的奴隸主，祭祀場面中的主祭人以及有人物、動物圖案的銅扣飾、帶鈎、頭盔及盾牌飾、馬飾等。

通過對冶金工藝的研究，可知古代青銅器上的鎏金原料主要是一種金和水銀的混合物（即《考工記》上所說的「金汞齊」）。如果將此混合物塗在青銅器表面，經過烘烤，水銀揮發後金就會留在銅器的表面。這就是說，兩千多年前，滇、昆明人已初步掌握了金和汞的某些化學性能，并將其熟練地應用在青銅器的加工技術上。

4、鍍錫。鍍錫又稱鋈錫，也是滇、昆明青銅器上常用的加工技術。鍍料多用錫，鉛雖說在色澤上接近錫，但容易氧化變黑，一般很少使用；銀較錫的光澤更好，但熔點較高，價值昂高，也很少使用。錫的光澤僅次于銀，熔點很低（攝氏二百三十度），開採量也大，因此古代鍍錫青銅器最多。

關于鍍錫工藝，比較流行的說法有二。一是所謂的灌澆法，即將錫熔液澆在青銅器表面，以此達到鍍錫的效果；另一種是所謂的沉浸法，就是把青銅器浸泡在錫熔液中，使其表面均匀地附上一層錫。凡經過鍍錫處理的青銅器，表面均呈銀白色，不僅比原青銅器美觀和富有光澤，更重要的是經過鍍錫的青銅器有很强的防腐蝕性能，即使在較潮濕的情況下，也可少受水汽和二氧化碳氣體的浸蝕，使青銅器表面不易產生銅綠銹層。

戰國至西漢時期，滇國青銅器中的部分壺、斧、戈、貯貝器及銅俑等，其表面均呈銀白色，很少銹蝕。過去人們普遍認爲，這些表面呈銀白色的青銅器，是用「灌澆法」或「沉浸法」鍍錫所致。也就是説，青銅器上的銀白色是鍍上的錫層。不過也有的學者提出不同看法，他們認爲滇池區域出土的銀白色青銅器，并非鑄後鍍錫所致（因爲在不規則的器物表面要比較均匀地鍍上一層錫，只有用「熱鍍」的方法才有可能，其工藝比較複雜，在兩千多年前似乎無條件進行），而是採用控制合金成分和冷却速度的方法，創造了「一步法」鍍錫的嶄新工藝。所謂控制合金成分，是指一般銅錫合金的固熔體，錫的最大熔解值只達百分之十幾。當青銅器中錫的含量超過最大熔解值時，多餘的部分則以混合物的狀態分布在青銅熔液中。鑄造青銅器時，用此高錫熔液充填範腔，如能預先採取保温緩冷措施，則會出現青銅器表面含錫多，內部含錫少的「偏析」現象。古代滇國的銀白色青銅器，就是當時工匠們採用控制合金成分和保温緩冷措施，以此達到鍍錫的良好效果[36]。關于滇國青銅器的鍍錫問題，目前學術界尚有爭議。我們將上述不同看法均列于此，以便今後進一步研究討論。

5、金銀錯。所謂金銀錯，就是在青銅器表面按照繪製圖案的線條刻出溝槽，嵌入金銀絲或片，再用特製的錯石將器物表面打磨光滑，從而使青銅器表面出現金屬花紋。如晉寧石寨山出土的錯銀銅壺和銅戈，以及錯金帶鈎等，都是採用上述工藝製作的。

6、鑲嵌。鑲嵌技術在滇國青銅器上得到廣泛應用。常見的鑲嵌物有圓形和長方形銅扣飾、銅鐲、劍柄及箭箙等。嵌料主要是孔雀石珠（氧化銅礦中的一種），也有用瑪瑙和玉石珠管的。鑲嵌時，將珠管排列成各種圖案，用生漆作粘合劑。

7、線刻。滇國部分青銅器表面，有不少比髮絲還細，用眼睛幾乎無法看清的線刻圖案。其中有花草、鳥獸和昆蟲，也有人物和生活用具等。如江川李家山墓地出土的一件銅臂甲，厚約一毫米左右。甲上用陰線刻出熊、豹、鹿、猪、鷄、猴、蜥蜴、魚、蝦、蜈蚣、蜜蜂等十餘種動物和昆蟲，形象生動，姿態各異；晉寧石寨山有一件刻紋銅片，用同樣粗細的線條在銅片上刻出十餘種表形、表意的圖像。上述線刻工藝曾引起微刻專家們的注意，他們驚嘆兩千多年前我國的西南少數民族竟能刻出線條如此纖細、均匀的生動圖像。

（三）合金成分。滇、昆明的工匠們，對青銅合金成分已有較准確的認識和熟練應用。如晉寧石寨山出土青銅器金相分析表明，銅劍的含錫量最高，約百分之二十，符合硬度的要求；銅鼓的含錫量爲百分之十五，既需要有一定的硬度，使其音域寬廣、聲音洪亮，也要有韌性，打擊時不易破碎；銅鐲的含錫量最少，只有百分之六左右，使其更富有韌性，便于彎曲。根據用途不同，加錫的多少亦有區別，和中原地區的「六齊」之説基本相同。

除銅、錫合金外，滇、昆明人還使用了其他合金。如江川李家山墓地發現一件銅鐲，表面呈灰黑色，性柔軟，極易彎曲。經昆明工學院作金相分析，證明爲銅、銀合金，銀的含量高達百分之十以上。另外我們在曲靖市八塔臺墓地發現過一種銅鏃，表面呈黑色，雖埋入地下兩千餘年，至今仍有光澤，無銹蝕痕跡。此類銅鏃和陝西秦始皇陵陶俑坑出土的三棱形銅鏃相同，後者表面也呈黑色，無銹蝕。經北京鋼鐵學院金相分析，這類銅鏃之所以不生銹，是因爲其表面有一層緻密的、能起防腐作用的氧化層，其中含鉻百分之二，而氧化層之內的金屬則不含鉻。由此可見，銅鏃表面的防護層是一種人爲的含鉻化合物，它的防銹蝕原理當和近代用鉻酸鹽處理金屬器物表面使其不銹蝕的原理相似。同樣表面呈灰黑色不銹蝕的青銅器，在江川李家山墓地也有發現，如銅臂甲、肘甲及部分兵器等。它們表面是否也含鉻的保護層，因未作檢測，尚不能肯定。

四　滇、昆明人的風俗

許多青銅器圖像上均反映了滇、昆明人的風俗習慣。

（一）競渡。雲南境內河流縱橫，湖泊衆多，臨河濱水之古代居民，競渡之風特盛。晉寧石寨山墓地出土的銅鼓上有競渡圖像，船上共十五人，除一人持小旗立于船頭作指揮，其餘十四人分作七組，每組二人并肩而坐，手中各持一槳作劃動狀。競渡是我國南方民族一種古老的娛樂活動，至今雲南傣族在其傣歷年期間，除了潑水活動，也舉行龍舟競渡。

（二）鬥牛。鬥牛是我國西南地區民族的一種古老的娛樂活動。如晉寧石寨山墓地出土三件圖像內容大致相同的銅扣飾，所表現的就是一場鬥牛即將開始的畫面。此扣飾整體爲一臺階式建築，分上中下三層。上層踞坐十人，作觀望狀；中層兩側各坐四人，中間站立一人，彎腰將下層中間之大門打開；下層正中有一單扇門，門已被中層站立之人打開，門外有一巨角牛衝入。大門兩側各有四人，有站立者、坐觀者，秩序較混亂。以上情景很明顯是一個鬥牛即將開始的場面，三層看臺的人都是圍看鬥牛的觀衆。

（三）打秋千。江川李家山墓地出土一件銅鼓，鼓腰近圈足處有打秋千圖像。此畫面中央立一柱，柱頂端另有一豎軸，軸上有可轉動之圓盤，盤周緣繫四條繩索，每條繩之末端另繫一圓環。四個戴羽冠之人各挽一環作旋轉跳躍狀。

我國南方少數民族，自古即有春日打秋千的習俗。據説可以消災免難，四季平安。而且打秋千的地方，往往也是男女社交活動的場所。據田雯《黔書》云：「春日立木于野，曰鬼竿，男女旋轉而擇偶。」顧氏《天下郡國利病書》也説：「春則秋千會，鄰峒男女裝束來游，携手并肩，互歌互答，曰作劇。」

（四）剽牛。晉寧石寨山墓地出土的銅扣飾上有剽牛圖像，其上有四人戴着奇特的帽子，想必爲巫師。其中二人按伏牛背，一人揪住牛尾，另一人持繩數周，一端縛繞牛腿，另一端在圓柱上。很明顯是一個剽牛即將開始的場面。近代雲南傣族、佤族等少數民族尚有此習俗，他們將牛縛在木柱上，一巫師圍繞牛旋轉數周，口中念念有詞，然後用一削尖的竹杆向牛身猛刺，直至牛死倒地爲止。這與古代滇國剽牛祭祀十分相象。

（五）衣飾尾。滇國青銅器圖像中，有部分人的衣後拖一長尾，也有的背上披一獸皮，尾端下垂至地。本來這是一種裝飾特徵，也可能和某種信仰有關，但一些內地文人不解其意，竟附會出雲南古代民族長尾巴的奇聞。如《太平御覽》卷七百九十一引楊終《永昌郡傳》説：「郡西南千五百里徼外有尾濮，尾若龜形，長三四寸，欲坐輒先穿地空，以安其尾，若邂逅誤折尾便死。」多麼的牽强和不近情理。

（六）飾羽翎。滇國青銅器圖像上有許多飾羽翎的人，有的用羽翎數支或十數支飾于頭、頸間，有的頭頂偏後插兩支很長的羽翎，摇摇欲動。飾羽翎者多爲巫師、武士或舞樂者。過去人們將這些飾羽翎者稱爲羽人，顯然不對。因爲按照中國古代「羽化登仙」的説法，只有想像中的神仙才能稱「羽人」。滇國青銅器圖像上的羽翎，實際上是人的一種裝飾品。

滇、昆明人還有其他一些風俗習慣，諸如穿胸、儋耳、曲頭、赤口、折腰等，在此不一一敘述。

五　滇、昆明的文化藝術

（一）文字。戰國至西漢時期，滇、昆明人還不使用文字。因此，表示和記錄某一事物時，往往用圖畫的形式。東漢初，個別滇式青銅器上偶有漢字出現，但數量極少。這些器物上的文字是由內地工匠刻製或當地民族仿製還不清楚，但既然出自滇國墓葬中，說明當地民族的上層或巫師之類的人也許認識漢字。

晉寧石寨山墓地出土一件刻紋銅片，其上用陰線刻出多種圖像，很可能是滇人表形、表意的一種圖畫文字。此刻紋銅片內容豐富（插圖一四）。在此說明一些表現手法上的特點，以及它和原始的圖畫文字的關係。

1、省筆。此銅片在表現動物形象時，往往只畫其最易識別和最有代表性的部位。如畫

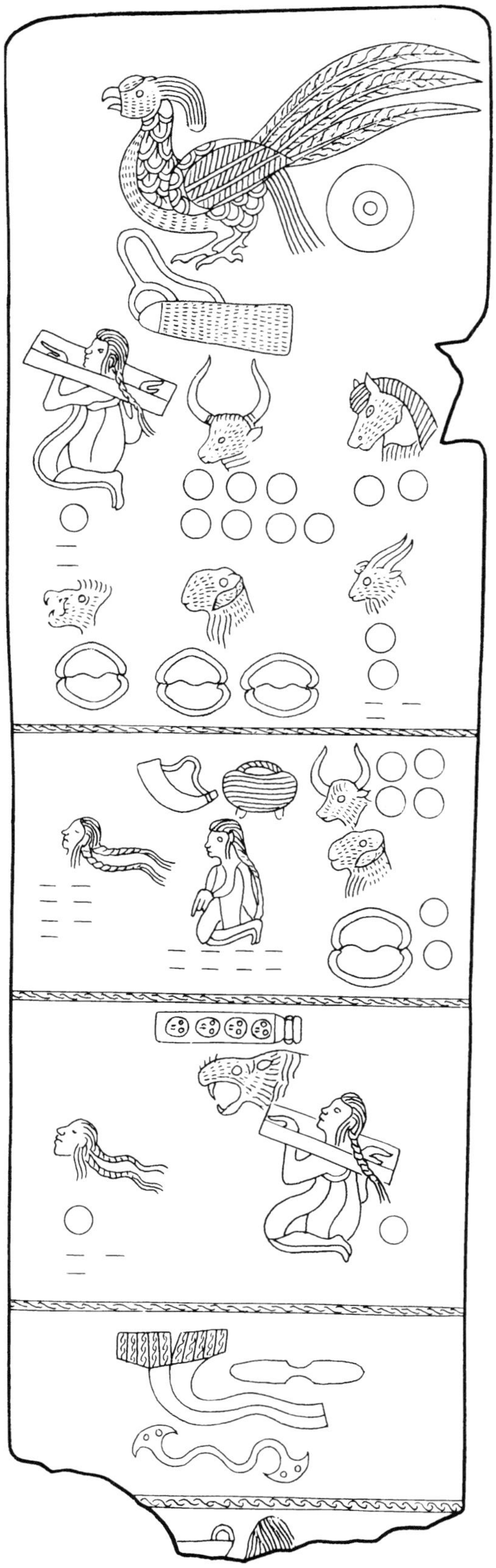

插圖一四　滇刻紋銅片

插圖一五　滇青銅器上的放牧圖像

牛、馬、羊、虎、豹時，僅畫其頭部。同時，以有無胡鬚區別山羊和綿羊，以有無斑紋區別虎和豹。同樣在表現其他器物時，也多用此手法。如紡織工具，只畫其提綜和背帶，使人一目瞭然就是一架原始的踞織機（腰機）。

2、會意。表示某一不易以形象表現的事物，往往用與此相關器物爲代表，從而使人聯想到這一事物的存在。如刻紋銅片中畫一竹籮，與當地民族揹物與盛糧食的竹籮無異。僅以圖像解釋，視爲普通的揹籮亦無不可。但此籮乃平常之物，何以和玉璧、海貝、虎豹等貴重之物同列。可見，此處之竹籮似有別的含意，可引伸爲糧食，甚至土地。按古代雲南某些少數民族，不僅用竹籮揹糧食，也可作爲量器或重量單位。明代朱孟震《西南夷風土記》云：「貿易多婦女，……度用手，量用籮。」時至今日，雲南德宏等地的傣族不僅仍用竹籮量稻穀（每籮約三十至四十斤），而且土地的產量亦以籮計，甚至土地的面積不言畝，而說多少籮。如某家以前有多少籮田，實際是多少籮籽種的田。又如刻紋銅片上畫一牛角號。牛角號亦屬平常之物，和其他貴重之物同列顯得不倫不類。其實此物并不尋常，雲南古代民族如遇緊急情況，以吹牛角號爲集結方式。然而吹牛角集結民衆的權利，只有土司或頭人才有。因此圖像中的牛角號應理解爲權力的象徵，是最能顯示氣派的東西。

（二）裝飾圖案。滇國青銅器上有多種圖案，其裝飾部位因器物的不同形式而定。

一般早期青銅器的花紋比較複雜，而且多以陽線鑄紋爲主。常見的紋飾有太陽紋、旋紋、回紋、齒紋、弦紋、圓點紋、牛紋、蛙紋、孔雀及人形紋等。有的是一種紋樣爲一組圖案，也有的用幾種紋樣組成一組圖案，在同一青銅器上反復出現。中晚期青銅器有的無紋飾，有的花紋逐步簡化，也有的青銅器上新出現刻劃紋和陰線鑄紋，內容大致是狩獵、上倉、舞樂、放牧（插圖一五）、飲宴一類富有生活氣息的題材。這些內容在表現手法上，又有許多獨特的地方。

1、巧妙地點明畫面主題。如晉寧石寨山出土一件刻有上倉圖像的貯貝器，上倉者頭頂竹籮魚貫而行，將糧食源源不斷地倒入倉房。爲了說明竹籮和倉房中都是糧食，而且是小顆粒的稻穀，工匠們巧妙地在倉房頂上安排幾隻站立雀躍的小鳥，倉旁有一隻母鷄領着幾隻小鷄在啄

插圖一六　滇青銅器上的播種圖像

食散落在地上的餘粒。又如石寨山青銅器中有一件播種圖像（插圖一六）的貯貝器。一個女奴隸主坐在四人抬的肩輿里，其後有肩荷銅鋤者、頭頂籽種籃者、手持點種棒者若干人。爲了表明此次耕作活動是在陽光明媚的春天進行的，工匠們有意在天空中安排了幾隻飛翔的燕子，使人聯想到春天到了，農事活動即將開始。

2、善于用多種形式烘托氣氛。晉寧石寨山出土一件舞樂圖像（插圖一七）的貯貝器，圖中有十幾個婦女作舞蹈狀，氣氛熱烈；另有二人直接用手拍打銅鼓，邊打邊唱，甚是歡快；還有一人兩腿交叉作下蹲狀，雙手揮舞于胸前，仰頭高歌；又有二人抬一高大的酒鐔，三人手持帶流器，從酒鐔中取酒。這大概是一個喜慶的宴會，爲了烘托場面中的熱烈氣氛，工匠們有意安排了幾個有趣的情節，如手拍銅鼓、仰首高歌、狂奔亂舞、大鐔供酒等，使喜慶宴會的氣氛熱烈、奔放。

（三）雕塑工藝。雲南古代的雕塑工藝，主要體現在生動的青銅雕鑄品上。如浮雕的銅扣飾，圓雕的杖頭銅飾，兵器和生活用具上的裝飾附件等。雕塑藝術品中動物形象最多，據不完全統計，有牛、馬、羊、猪、鹿、虎、豹、熊、猴、狼、孔雀、鴛鴦等四十餘種。以上動物大多是以互相搏鬥的形式出現，造型別致，表現手法生動，充分顯示了古代滇、昆明人的聰明和智慧。

1、善于捕捉轉瞬即逝的典型情節。一般表現動物搏鬥場面，大多有追逐、搏鬥、勝負已成定局的三個階段。滇國古代的藝術家們，在一個靜止的畫面上要表現出上述連續不斷的動作，如何取捨顯得特別重要。在這方面，他們往往着眼于動物搏鬥的高潮，即勝負將定而未定、轉瞬即逝的「一刹那」[37]。如石寨山出土的二狼噬鹿銅扣飾，滇國的藝術家們并未表現鹿在前面奔跑，二狼緊追不捨的情節，也未描繪鹿被二狼吞噬的慘狀，而是選定二狼已接近鹿身正口噬其尾、鹿前足跪地仰首嘶叫的關鍵一刻來表現。

2、善于表現動物的習性和强弱。如石寨山出土的狼豹爭鹿銅扣飾，鹿是弱者，必將成爲狼和豹的獵物。滇國的藝術家們在表現這一題材時，先將鹿置于狼、豹之爪下，作仰卧掙扎狀，但「鹿死誰手」，尚未分曉。于是又着重描繪狼、豹搏鬥情景：豹口緊咬狼頸，前爪抓住

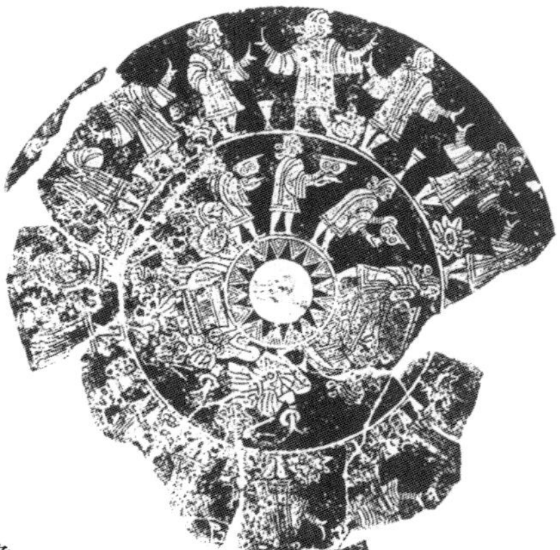

插圖一七　滇青銅器上的舞樂圖像

狼之腰部；狼口反咬豹的後腿，以左前爪抓住豹腹，右前爪用力撥開豹頭。狼、豹勢均力敵，勝負難分。又如虎牛搏鬥銅扣飾，牛是性情温順的草食動物，一般情況下不會主動攻擊對方，但其身强力壯，又有一對尖鋭的巨角，如遇别的動物加害時，也會奮起抵抗。正因爲滇國的藝術家們熟悉牛的這一特性，因而在表現虎牛搏鬥場面時，并未將老虎描繪成當然的勝利者。于是在圖像中出現如下情節：虎口咬住牛腿，前爪緊抓牛腹；牛并無懼色，反將虎衝倒在地，虎腹被牛角戳穿，腸露腹外。虎牛搏鬥之勝負未定。再如二虎噬牛銅扣飾，圖像中的題材雖與前一扣飾同，但因爲是二虎和一牛搏鬥，力量對比上發生了變化，表現手法上亦有不同。此場面中的牛不再是奮起抵抗，而是索然無力地站立一旁，任憑二虎攻擊。這一情節的出現，顯然不是滇國藝術家們的一時疏忽，而是充分了解二虎與一牛力量對比上的懸殊後，有意安排的。

（四）音樂。雲南少數民族從古至今能歌善舞。但因無文字記錄，有關雲南古代的音樂，我們只能根據當時遺留下來的樂器及演奏、演唱圖像加以介紹了。

1、演唱。滇國青銅器上有不少演唱圖像。如晉寧石寨山出土一件八人舞樂鎏金銅扣飾，反映的是滇國一次比較重大的演出活動。畫面分上下兩臺，猶如近代的舞臺與樂池。臺上有四人，裝扮較奇特，頭戴冕形冠，冠後有飄帶下垂，耳佩環，左手戴寬邊大玉鐲，腰束帶，帶上有圓形扣飾。此四人均作踞坐形，其中三人雙手上舉，嘴微張，作抒情歌唱狀，另一人左手按胸，右手撫于膝，鼓目，咧嘴，作高歌狀。臺下四人皆踞坐，裝束如臺上四人。其中一人吹直管葫蘆笙，一人吹曲管葫蘆笙，一人吹短管樂器，一人擊錞于。其中擊錞于者口微張，亦作歌唱狀。類似的歌唱圖像較多，有的仰首高歌，有的低頭合目輕唱，也有的揮動手臂放聲大唱，形態各異。

2、樂器。常見的滇、昆明樂器有以下幾種：

①銅鼓。前文已詳述，此處不贅。

②葫蘆笙。葫蘆笙分曲柄和直柄兩種。曲柄葫蘆笙整體似葫蘆形，彎曲的柄部上端有吹孔，下端爲球形體，其上有五至七孔，孔中殘留竹管，吹奏方法與現代的蘆笙同；直柄葫蘆笙整體似一長柄銅勺，柄端有吹孔，柄側有六個方形小孔，下端爲圓球形，其上有大孔，未見竹

管殘跡，吹奏方法與現代的橫笛相同。

③編鐘。晉寧石寨山、江川李家山、楚雄萬家壩、牟定福土龍等地都發現過六個一組的銅編鐘。鐘的斷面爲橢圓形，上端有半環鈕和羊角形鈕，唇口平齊，兩側多有紋飾。使用方法與銅鼓相似，多懸于木架，用特製的木錘敲打。由于六件銅鐘的大小不一，打擊時可發出不同的音響效果。除了成組的編鐘外，也有單個使用的銅鐘，打擊方法與編鐘相似，也多懸掛于木架，與銅鼓、錞于等混合使用。

以上樂器大多是在祭祀中演奏或舞蹈時伴奏的。

（五）舞蹈。滇國青銅器上出現過不少舞蹈圖像。常見的舞蹈形式有獨舞、雙人舞、四人舞和集體舞；有的爲徒手舞，也有蘆笙舞、刀盾舞、盤舞和羽翎舞等。

1、徒手舞。此類舞蹈不借助任何道具，僅憑舞蹈者的雙手前後左右不停地擺動，猶如現在傣族的擺手舞。舞蹈者手臂的擺動也有較固定的姿勢，一般都是拇指和其餘四指分開，身軀作輕微的伸曲，腿部亦相應移動。徒手舞多爲單人舞，也有集體舞蹈者，參與的人圍作一圈，手挽手，隨着手臂的來回擺動和足部相應的移動而旋轉。有時和以歌，邊跳邊唱，十分歡快。

2、器具舞。進行此類舞蹈的人手中各持器具，如持盤、執斧、執羽翎或刀盾。舞蹈動作主要是揮動手中之器具，并伴以簡單粗獷的步法，猶如現在景頗族的刀舞和彝族的刀盾舞。

3、巫舞。巫舞是舉行祭祀儀式時巫師跳的，因爲是給鬼神看，所以舞者的髮形、服飾均較奇特。舞蹈動作以雙腿下蹲和雙手上舉爲主，似無固定的姿勢和步法。舞時亂蹦亂跳，狂喊亂叫，如痴如醉。

六　滇、昆明青銅文化與外來文化的關係

滇、昆明青銅文化受到許多外來文化的影響，這是國內外學術界公認的。現根據近年新發現的考古資料，試對這一問題作如下分析。

（一）滇、昆明青銅文化與古代北方草原文化的關係。

滇、昆明青銅文化中許多器物與古代北方草原文化器物相同或相似。

1、雙環首青銅短劍。劍首作二獸頭環繞狀，柄爲圓柱形。我國內蒙古、山西和河北北部過去曾多有發現，雖無明確出土地點，但一般都說是來自鄂爾多斯草原[38]。近年來，內蒙古杭錦旗桃紅巴拉[39]、和林格爾[40]；河北懷來縣北辛堡等地也有出土[41]。此類短劍在雲南德欽縣納古、永勝縣金官龍潭、劍川縣沙溪、陸良縣板橋等地均有發現，只是劍首上的雙環演變成兩個圓圈。

2、曲柄青銅短劍。此類短劍在我國內蒙古、河北及山西北部發現較多，其最大特徵爲柄部彎曲。雲南德欽縣納古出土一件，劍柄彎曲中空，其上有長條形鏤孔；永勝縣金官龍潭也有一件，雖柄部彎曲，但劍首作觸角式，與其他地區的曲柄短劍稍有區別。

3、弧背銅刀。此類銅刀的特徵爲：弧背，凹刃，扁平柄。我國遼寧、山西北部及俄國貝加爾湖等地多有出土，器形也大致相同。雲南德欽縣永芝墓地發現過一件，長三十二厘米，柄部有穿孔。寧蒗縣大興鎮墓地出土另一種弧背銅刀，爲銅柄鐵刃器，柄作髮辮式，與內蒙古寧城縣南山根石棺墓出土的一件完全相同[42]。

4、動物紋牌飾。高加索地區、南西伯利亞及蒙古草原都有出土。儘管各地用材和製作工藝不完全相同，但圖案多爲動物搏鬥場面。如內蒙古杭錦旗阿魯柴登墓地出土一件虎牛搏鬥圖案的金飾品，一牛居中，四隻虎咬住牛的頸項及腹部，牛雖倒地將斃，但仍用角刺穿一虎之耳。雲南青銅時代墓地出土的動物紋牌飾更多。如晉寧石寨山和江川李家山墓地發現過「狼豹爭鹿」、「虎牛搏鬥」、「二狼噬鹿」、「二虎噬猪」、「三狼噬羊」等動物紋牌飾，比起北方草原出土的更加生動，亦更富有恐怖氣氛。

5、金珠與金飾片。晉寧石寨山墓地發現數量較多的金飾品，其中有束腰式珠、橋鈕圓牌及各種動物形飾片。此類金飾品，亦見于內蒙古西溝畔、阿魯柴登等地的「匈奴墓」[43]。

6、雙耳陶罐。滇西北地區青銅文化墓葬中，往往會發現一些器形特別的雙耳陶罐。一對寬邊大耳，一端連接口沿，另一端在其腰、腹間。此類陶罐多見于甘青高原和四川西部地區。

7、「和田玉」。滇國墓葬中，常見一種寬邊大玉鐲。整體似玉璧形，直徑七至十六厘米，表面呈米黃色，有光澤。經南京玉器廠鑒定，此類玉材屬「和田玉」，産地在新疆。

由上所述，可見滇、昆明青銅文化受到了古代北方草原文化的强烈影響。一般來説，文化的傳播，是以人的活動作媒介的。以上情况的發生，應該和一些草原游牧民族的南遷有關。那麼，戰國至西漢時期有哪些北方游牧民族遷入西南地區呢？據現有材料，我認爲主要有以下幾種：

1、巂人——中亞地區南遷的斯基泰民族。據《史記·西南夷列傳》載，雲南古代有一種游牧民族稱巂人。按巂即塞的音譯，塞是斯基泰的短讀音。巂人即塞人，亦即斯基泰民族[44]。塞人原爲錫爾河和伊犁河流域的游牧民族，主要分布在巴爾喀什湖和伊塞克湖一帶。一九五〇年，原蘇聯考古學家在帕米爾地區發現過塞人的文化遺存。據説塞人于公元前八至三世紀主要活動在阿爾泰山和帕米爾等地，他們和周圍的游牧民族有着廣泛的聯係。塞人使用的木箭杆是用喜瑪拉雅山雪松製作的，佩戴的滑石珠産于外貝加爾湖，光玉髓珠則來自印度[45]。約在公元前四至三世紀，由于匈奴的强盛，迫使大月氏等游牧民族涌入伊犁河流域。大月氏人的大規模移動，擠走了不少當地的塞人。結果有的塞人逃亡于「疏勒以西北」；有的「南走遠徙」，通過青藏高原沿横斷山脈進入雲南境内。據《漢書·西域傳》載，中亞地區的游牧民族多屬「胡人」，其形象特徵爲「深眼多鬚髯」、「青眼赤鬚，狀類彌猴」。雲南的巂人既爲南遷的塞人，其形象也必然和「胡人」相類。晉寧石寨山墓地出土一件納貢貯貝器，其上有一組納貢者的形象十分奇特，他們多穿窄長的衣褲，高鼻深目，多蓄鬚，有的鬚長過腹。另外，昭通地區也發現過類似的銅鑄像。上述人物形象一望而知不是雲南的土著民族，也不是蒙古草原的游牧民族。據上述分析，他們當爲中亞地區的游牧民族塞人。

2、旄牛羌人。據《後漢書·西羌傳》，戰國初期，古羌人中的一支旄牛種沿岷江流域南遷至越巂郡。「……至爰劍曾孫忍時，秦獻公初立，欲復穆公之跡，兵臨渭首，滅狄獂戎。忍季父卬，畏秦之威，將其種人附落而南，出賜支河曲西數千里，與衆羌絶遠，不復交通。其後子孫分别各自爲種，任隨所之。或爲旄牛種，越巂羌是也……」按漢代越巂郡在今四川西昌和雲南永勝、寧蒗、華坪等地，這部分南遷的羌人，後來也成爲雲南土著民族之一。

插圖一八　晉寧石寨山出土的銀帶扣

3、白狼羌人。按白狼又稱白蘭，屬我國西北地區古羌人中的一支。他們沿金沙江和瀾滄江河谷進入滇西北地區，過着「食肉衣皮」的游牧生活。據納西族學者方國瑜、和志武兩位對古代《白狼歌》的研究，認爲其中大部分詞匯屬納西語，古代的白狼羌人，即近代納西族的先民[46]。上述兩位的意見無疑是正確的。不過古代白狼人分布區域遼闊，部落種屬繁多，他們可能和近代雲南許多少數民族如哈尼、景頗、傈傈、拉祜等藏緬語民族有淵源關係。

（二）滇文化遺物中的西亞文物。

我這里所説的西亞，泛指我國西部邊境以西，直至地中海東岸地域。戰國至西漢時期，我國和西亞地區的主要交通路線有兩條：一條由長安出發，經甘肅、新疆至阿富汗、伊朗等地，這就是後來有名的「絲綢之路」。另一條由四川經雲南過伊洛瓦底江，至緬甸北部的孟拱，再渡親敦江到達印度東北的英帕爾，然後沿恆河流域轉入印度西北，至伊朗高原，此路稱蜀——身毒道，有人也稱「南方絲綢之路」。張騫出使大夏時，見大夏商人從印度購入四川出産的邛杖、蜀布，就是四川商賈經雲南運出境外的。

許多考古資料證實，早在戰國時期，西亞地區的商品就有經蜀——身毒道傳入雲南者。滇文化中，就有部分爲西亞文物。

1、蝕花肉紅石髓珠。江川李家山二十四號墓出土一顆蝕花肉紅石髓珠，呈橢圓形，肉紅色，表面有白色圓圈紋和曲線紋，長一點五、中段直徑一厘米。晉寧石寨山十三號墓也發現一顆，棗核形，兩端收細截平，橙紅色，表面有四組共十道白色的平行線紋，長三點二、中段直徑零點九五厘米。按肉紅石髓珠又稱光玉髓，是一種二氧化硅的膠溶體，珠上白色花紋是人工所致。此類石珠原産于巴基斯坦信德省，印度的德里等地及伊朗、伊拉克也有出土[47]。我國僅在新疆、西藏及雲南有少量發現，其他地區還未聽説有類似的遺物[48]。

2、海貝。滇戰國至西漢時期墓葬中多有海貝出土，有的散置于墓底頭端一側，有的放在特製的青銅貯貝器中。海貝是隨葬貨幣。關于古代滇國貝幣的來源，目前學術界尚有爭議[49]。不過有一點是可以肯定的，它絕不産于我國內地的江河湖泊。雲南古代稱貝爲「海𧴩」或「海肥」，可見其必産于海洋無疑。元代《馬可波羅游記》説，今昆明、大理

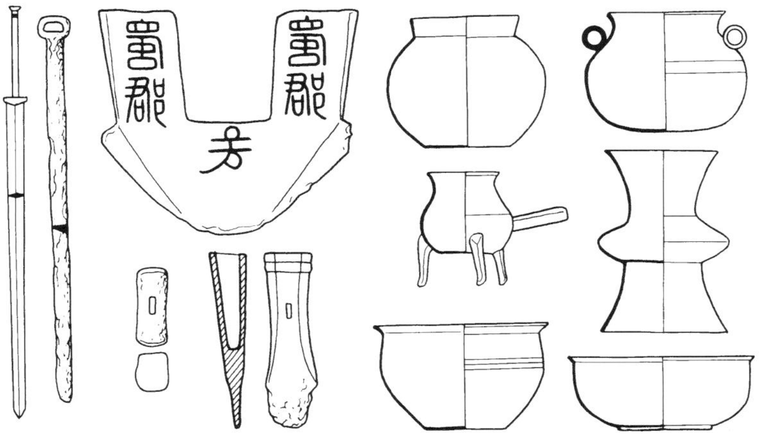

插圖一九　滇池區域出土的漢式器物

一帶「用白貝作錢幣，……但這些貝殼不產于這個地方，它們全從印度來的。」雲南古代的貝幣是否全從印度來，要作進一步研究，不過雲南和印度都有很長的用貝史，兩地自古又有蜀——身毒道相通，因此印度貝幣流入雲南是很自然的。近人彭信威《中國貨幣史》說，雲南使用貝幣的歷史很長，是受印度影響所致。這一看法是很有道理的。

3、有翼虎銀帶扣。晉寧石寨山七號墓出土一件十分精緻的銀帶扣（插圖一八），整體呈盾牌形，扣面圖案爲一模壓的有翼虎，虎前爪抓一樹枝狀物，昂首翹尾，形象十分生動。虎的雙目鑲嵌黃色透明琉璃珠，身上錯金片和嵌有綠松石。此類器物無論從器形、花紋和鑲嵌物看，都不是我國的傳統工藝，而中亞、西亞地區却發現不少類似的有翼獸帶扣。

4、獅形銅飾。晉寧石寨山十三號墓出土一件鎏金浮雕銅飾，其上有兩隻交股站立的獅子。獅面似人面形，但頭上有長角，口中有巨齒，耳和足部戴圓環，形象奇特。鎏金銅飾在滇池區域出土較多，從製作工藝上看，此銅飾也應該是雲南本地產品。不過用獅子做裝飾圖案，在我國西漢之前的藝術品上未見過。《後漢書．西域傳》上，有東漢章和元年及永元十三年由西亞的安息帝國進獻獅子的記載。因此我以爲，此類圖案很可能是受西亞地區「希臘化藝術」影響的產物。而這一文化信息，同樣是通過蜀——身毒道傳入雲南的。

（三）滇、昆明青銅文化中的漢文化因素。

由于秦漢時期內地吏卒、民工、屯户、罪犯、商賈等不斷進入滇、昆明地區，不僅增加了當地的漢族人口，也使漢文化廣爲流傳。從近年來雲南發現的戰國末期至西漢時期的考古資料可看出，「漢式器物」是在逐年增加的，分布地區也是愈來愈廣的（插圖一九）。其中常見的兵器有長鐵劍、環首鐵刀、鐵戟及銅弩機等。弩機上刻有「河內工官」、「舞陽」等銘文，顯然是來自中原地區。生產工具中有鐵斧、鐵鍤及鐵鐮，鍤上有「蜀郡」、「成都」等銘文，是四川產品。生活用具中的「漢式器物」更多，其中有「昭明」、「日光」、「百乳」、「規矩」、「四神」銅鏡，「半兩」、「五銖」、「大布黃千」、「大泉五十」等錢幣，還有玉璧、漆奩、耳杯、漆案及銅壺、鐎斗等器物。另外滇池區域還發現不少漢文印章和漢字銘文的青銅器，這都是漢族工匠所爲，或受漢文化影響的結果。

以上，我們對滇、昆明及鄰近地區青銅文化的考古發掘、類型與族屬、與外來文化的關係、青銅器製作工藝以及滇、昆明人的風俗與文化藝術等作了較爲詳盡的介紹和深入的探討。相信隨着雲南文物考古工作的進一步開展，滇和昆明青銅文化的面貌將會愈來愈清晰地呈現在世人面前。

附注

①（美）Robert · E · Murowchick：《倫敦大英博物館收藏的雲南青銅器》，載《中國南方和東南亞銅鼓及青銅文化國際學術討論會論文集》，一九八八年十月，昆明。

②雲南省博物館：《雲南晉寧石寨山古遺址及墓葬》，《考古學報》一九五六年一期；雲南省博物館：《雲南晉寧石寨山古墓群發掘報告》，文物出版社，一九五九年；雲南省博物館：《雲南晉寧石寨山第三次發掘簡報》，《考古》一九五九年九期；雲南省博物館：《雲南晉寧石寨山第四次發掘簡報》，《考古》一九六三年九期。

③雲南省博物館：《雲南江川李家山古墓群發掘報告》，《考古學報》一九七五年二期。

④昆明市文物管理委員會：《呈貢天子廟滇墓》，《考古學報》一九八五年四期。

⑤雲南省文物工作隊：《雲南呈貢龍街石碑村古墓群發掘簡報》，《文物資料叢刊》第三集，一九八〇年。

⑥雲南省文物工作隊：《雲南安寧太極山古墓葬清理報告》，《考古》一九六五年九期。

⑦雲南省文物工作隊：《昆明上馬村五臺山古墓清理簡報》，《考古》一九八四年三期。

⑧雲南省文物工作隊：《曲靖珠街八塔臺古墓群發掘簡況》，《雲南文物》十一期，一九八二年。

⑨雲南省文物工作隊：《東川普車河古墓葬》，《雲南文物》二十六期，一九八九年。

⑩雲南省博物館：《劍川海門口古文化遺址清理簡報》，《考古通訊》一九五八年六期。

⑪雲南省文物工作隊：《雲南祥雲大波那木槨銅棺墓清理簡報》，《考古》一九六四年十二期。

⑫雲南省文物工作隊：《楚雄萬家壩古墓群發掘報告》，《考古學報》一九八三年三期。

⑬雲南省文物工作隊：《雲南寧蒗縣大興鎮古墓葬》，《考古》一九八三年三期。

⑭大理州文物管理所等：《雲南祥雲檢村石槨墓》，《文物》一九八三年五期。

⑮雲南省文物工作隊：《雲南劍川鰲鳳山墓地發掘簡報》，《文物》一九八六年七期。

⑯雲南省文物工作隊：《雲南彌渡苴力戰國石墓》，《文物》一九八六年七期。

⑰大理縣文化館：《雲南大理收集到一批漢代銅器》，《考古》一九六四年四期。

⑱雲南省文物工作隊：《雲南德欽石底古墓》，《考古》一九八三年三期。

⑲保山地區文物管理所：《昌寧大田壩青銅兵器出土情況調查》，《雲南文物》十三期，一九八三年。

⑳謝道辛、王涵：《雲龍縣首次發現青銅器》，《雲南文物》十二期，一九八二年。

㉑ 雲南省文物工作隊：《雲南德欽縣納古石棺墓》，《考古》一九八三年三期。

㉒ 雲南省文物工作隊：《雲南德欽永芝發現的古墓葬》，《考古》一九七五年四期。

㉓ 木基元：《麗江金沙江河谷石棺墓初探》，《雲南民族學院學報》一九八六年二期。

㉔ 雲南省文物普查辦公室：《雲南文物普查的主要收獲》，《雲南文物》十八期，一九八五年。

㉕ 張增祺：《雲南青銅文化研究》，載《雲南青銅文化論集》，雲南人民出版社，一九九一年。

㉖ 金正耀：《晚商中原青銅的礦料來源研究》，載《科學史論集》，中國科技大學出版社，一九八七年。

㉗ 張世銓：《論古代銅鼓的分式》，載《古代銅鼓學術討論會論文集》，文物出版社，一九八二年。

㉘ 張增祺：《雲南青銅文化的類型與族屬問題》，載《慶祝蘇秉琦考古五十五年論文集》，文物出版社，一九八九年。

㉙ 張增祺：《滇王國主體民族的族屬》，《中國西南民族考古》第十一章，雲南人民出版社，一九九〇年。

㉚ 汪寧生：《晉寧石寨山青銅器圖像所見古代民族考》，《考古學報》一九七九年四期。

㉛ 張增祺：《關於昆明與昆明文化的若干問題》，《考古與文物》一九八七年二期。

㉜ 李紹明：《康南石板墓族屬初探——兼論納西族的族源》，《思想戰線》一九八一年六期；沈仲常、李復華：《關於石棺墓文化的幾個問題》，載《中國考古學會第一次年會論文集》，文物出版社，一九七九年。

㉝ 張增祺：《雲南古代的「百越」民族》，《雲南社會科學》一九八七年四期。

㉞ 容觀瓊：《廣西左、右江流域新石器時代遺址簡介》，《文物參考資料》一九五六年六期。

㉟ 韓起：《臺灣省原始社會考古概述》，《考古》一九七九年三期；福建省文物管理委員會：《閩北建甌和建陽新石器時代遺址》，《考古》一九六一年四期。

㊱ 曹獻民：《雲南青銅器鑄造技術》，載《雲南青銅器論叢》，文物出版社，一九八一年。

㊲ 李偉卿：《雲南古代的銅鑄藝術》，載《雲南青銅器論叢》，文物出版社，一九八一年。

㊳ 水野清一、江上波夫：《內蒙古長城地帶》，《東方考古學叢刊》，乙種第一冊，一九三五年。

㊴ 參見田廣金：《桃紅巴拉的匈奴墓》，《考古學報》一九七六年一期。

㊵ 李逸友：《內蒙古和林格爾出土的銅器》，《文物》一九五九年六期。

㊶ 河北省文化局文物工作隊：《河北懷來北辛堡戰國墓》，《考古》一九六六年五期。

㊷ 遼寧省昭烏達盟文物工作站等：《寧城南山根石槨墓》，《考古學報》一九七三年二期。

㊸ 內蒙古文物工作隊等：《西溝畔匈奴墓》，《文物》一九八〇年七期。

㊹ 張增祺：《關於晉寧石寨山青銅器上一組人物形象的族屬問題》，《考古與文物》一九八四年四期。

㊺ 參見《蘇聯考古資料及研究》二十六輯；A·H·貝爾什塔姆：《謝米列契和天山歷史文化的基本階段》，《蘇聯考古學》一九四九年十一期。

㊻ 方國瑜、和志武：《納西族的淵源、遷徙和分布》，《民族研究》一九七九年一期。

㊼㊽ 參見作銘：《我國出土的蝕花的肉紅石髓珠》，《考古》一九六四年六期。

㊾ 李家瑞：《古代雲南用貝幣的大概情形》，《歷史研究》一九五六年九期。

圖版

一、二　播種貯貝器　西漢

三　紡織場面貯貝器　西漢

四一六　紡織場面貯貝器　西漢

七——二　祭祀場面貯貝器　西漢

一三—一五　殺人祭銅鼓場面貯貝器　西漢

一六一二〇　殺人祭銅鼓場面貯貝器　西漢

二一——二四　戰爭場面貯貝器　西漢

二五　戰爭場面貯貝器蓋　西漢

二六一二八　納貢場面貯貝器　西漢

二九、三〇　四牛騎士貯貝器　西漢

三一—三三　虎牛鹿貯貝器　戰國

三四　立牛貯貝器　戰國

三五　五牛貯貝器　戰國

三六、三七　八牛貯貝器　西漢

三八　七牛貯貝器　西漢

三九　五牛貯貝器　西漢

四〇、四一　五牛線盒　戰國

四三　立牛線盒　戰國

四二　五牛桶　戰國

四四、四五　踞坐男俑勺　戰國

四六　立鹿針筒　戰國

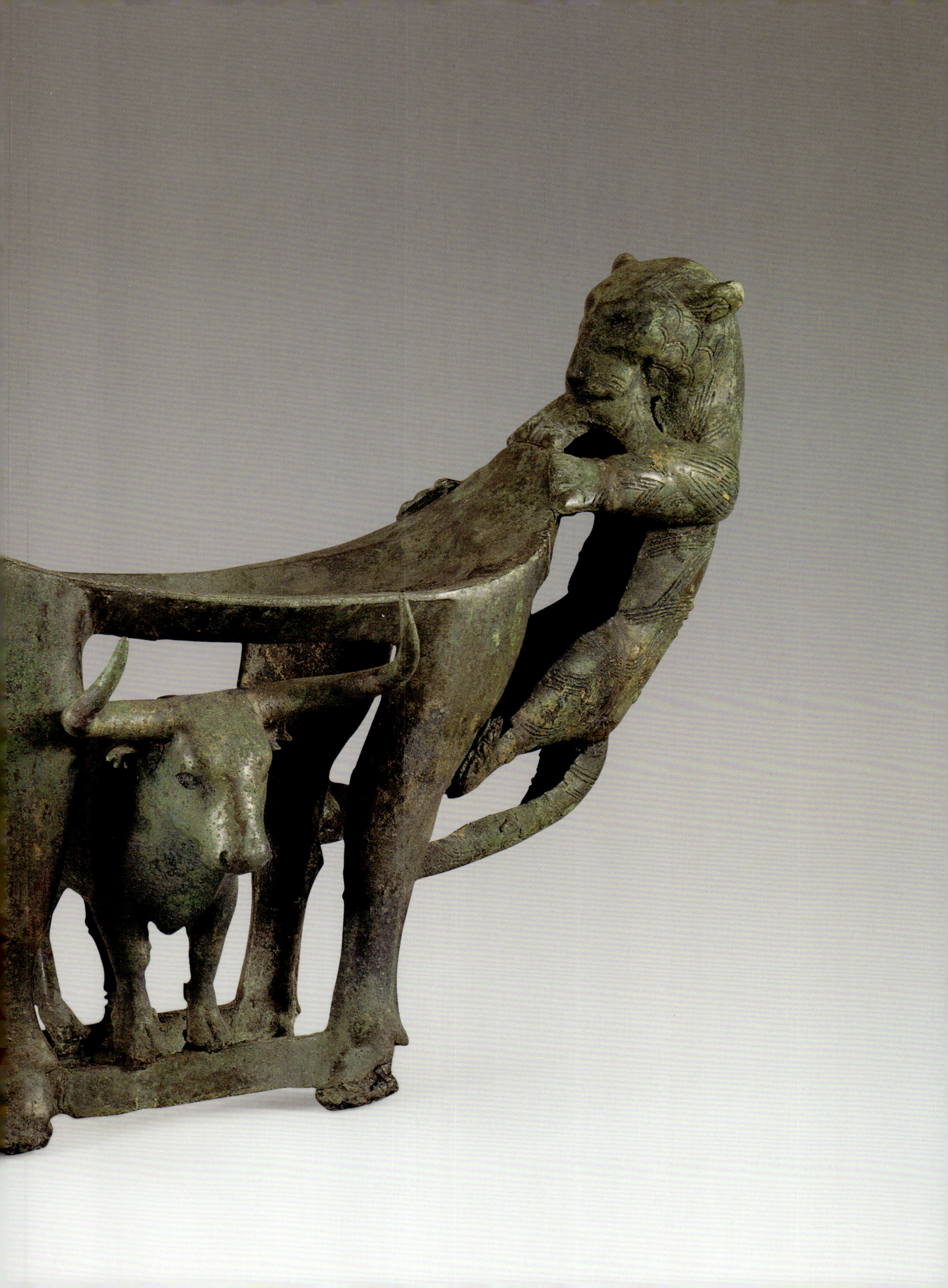

四七、四八　牛虎案　戰國

四九　弧面旋紋案　戰國

五〇　立牛杯　戰國

五一　立牛尊　戰國

五三　雙牛尊　西漢

五二　立牛壺　戰國

五四　牧牛器蓋　西漢

五五　虎牛枕　戰國

五六　五牛枕　戰國

五七　傘蓋　戰國

五八　執傘男俑　西漢

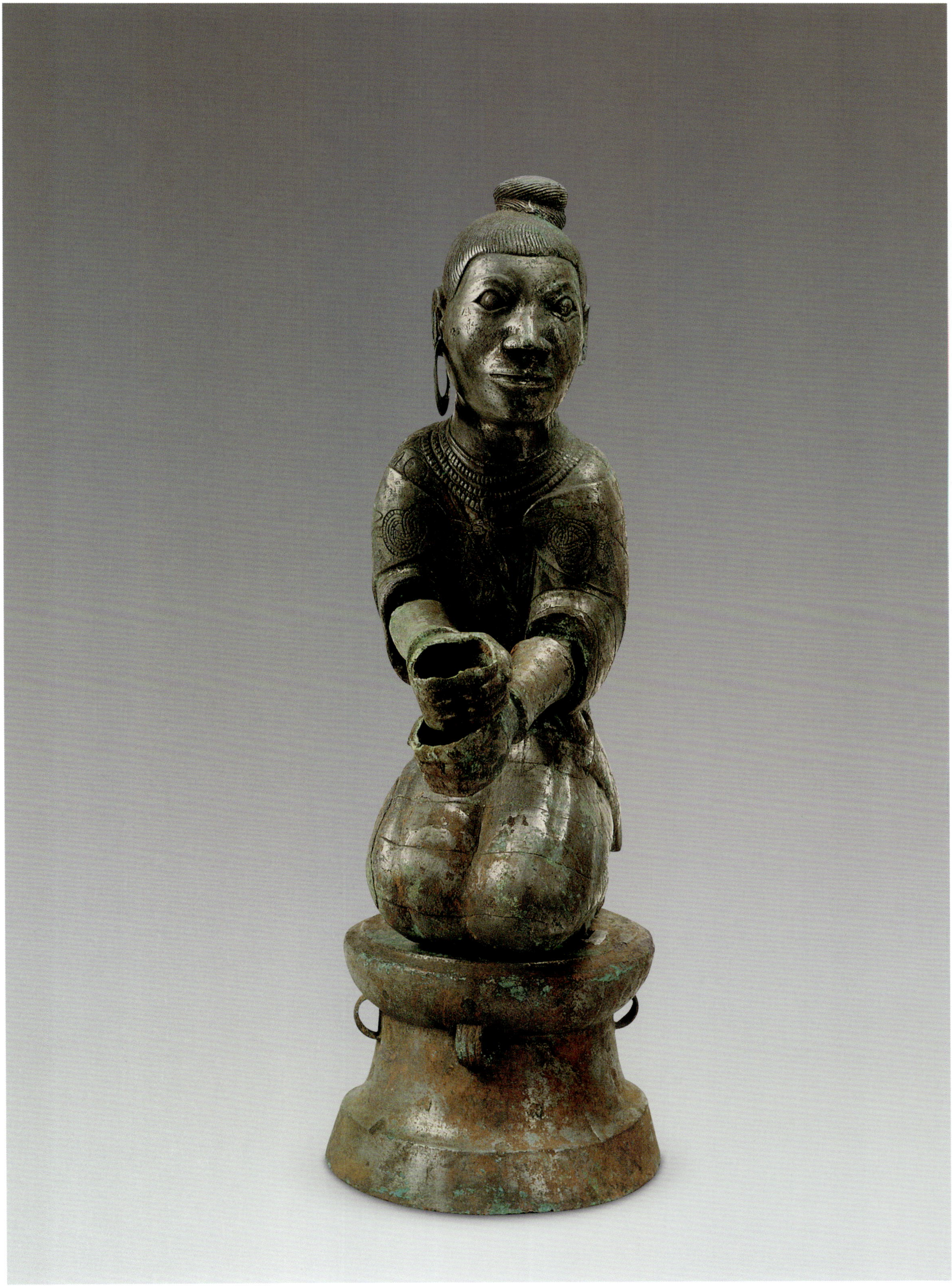

五九　執傘女俑　西漢

六〇　執傘男俑　西漢

六一　執傘女俑　西漢

六二　執傘女俑　西漢

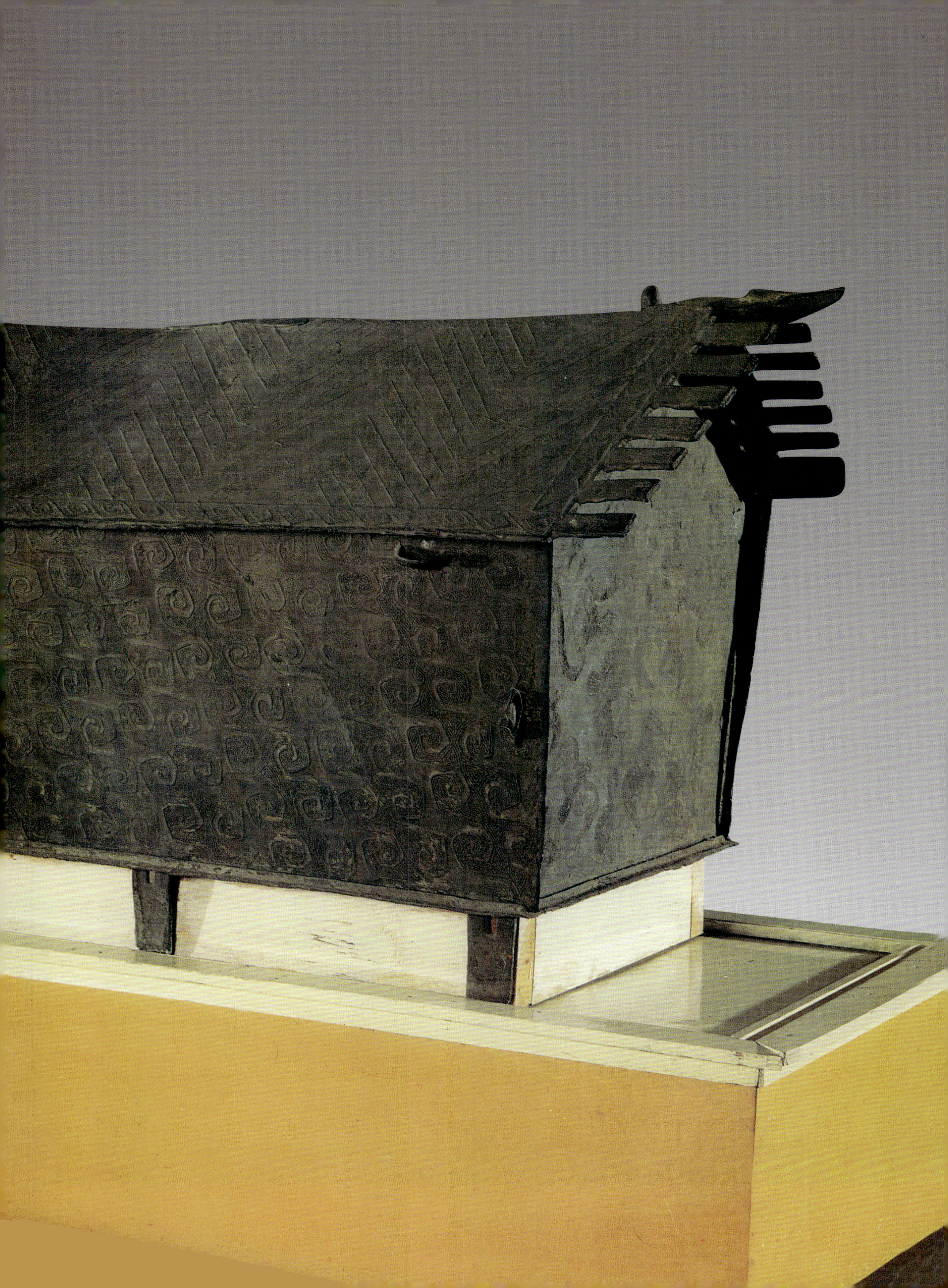

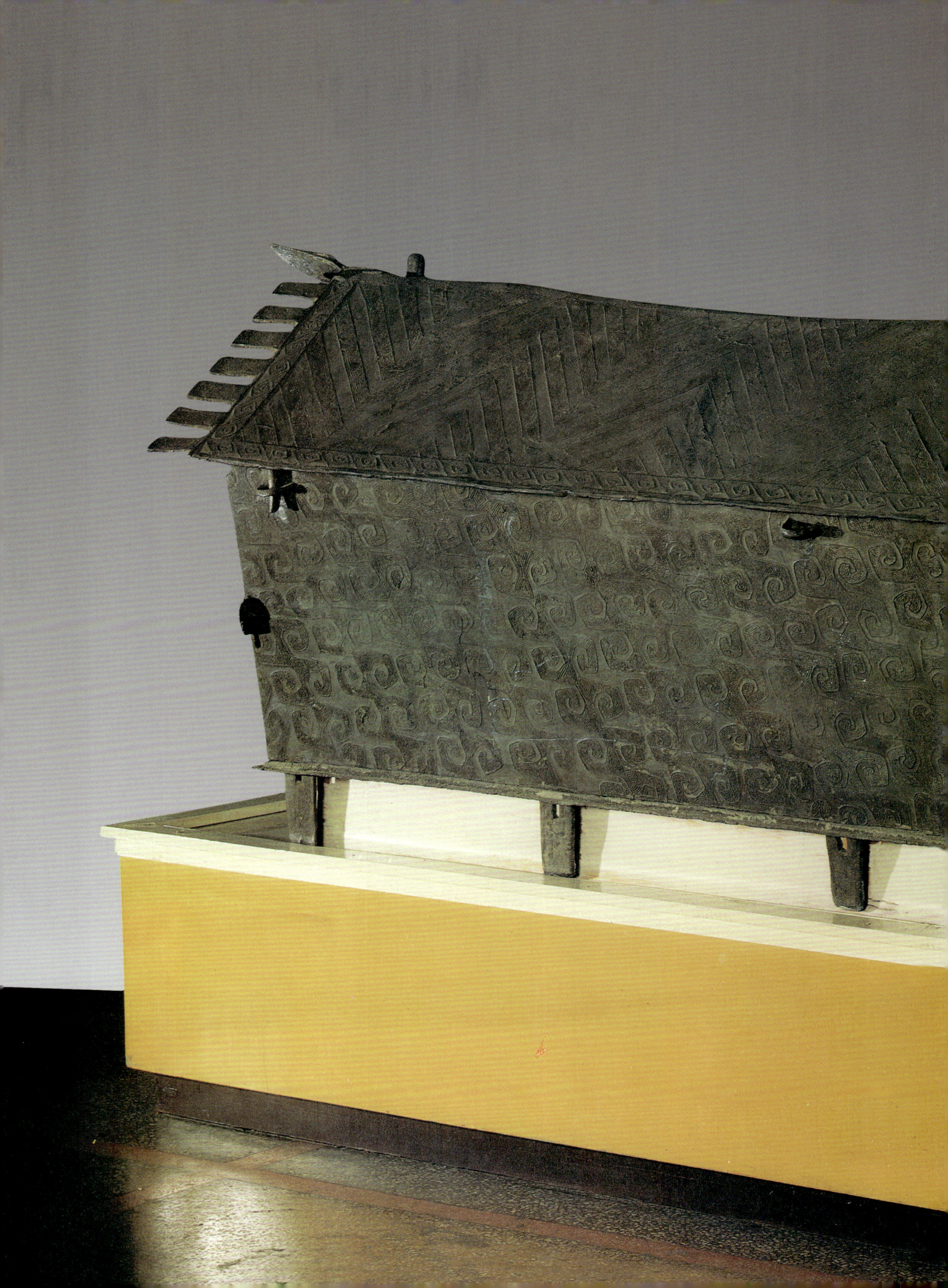

六三、六四　動物紋棺　戰國

六五　孔雀銜蛇紋錐　戰國

六六　尖葉形鋤　西漢

六七　梯形鋤　西漢

六八　蛇頭形銎鏟　西漢

六九　孔雀紋鋤　西漢

七〇、七一　孔雀紋鋤　西漢

七二、七三　孔雀牛頭紋鋤　西漢

七四　踞織機部件　西漢

七五　獸紋臂甲　戰國

七六　立鳥戚　戰國

七七　雙旋紋箭箙　戰國

七八　螺旋紋柄劍　戰國

七九　鳥頭形戚　戰國

八〇　劍鞘　戰國

八一—八三　獵頭紋劍　戰國

八四　寬刃劍及鞘　西漢

八五　銅格鐵劍及金鞘飾　西漢

八六　銅柄鐵劍　西漢

八七、八八　蛇柄劍　西漢

八九　虎噬牛狼牙棒　戰國

九〇　矛頭狼牙棒　戰國

九一—九三　人形紋戈　戰國

九四　鎏闌戈　西漢

九五　手持劍形戈　西漢

九六　三熊鋈戈　西漢

九七　三鹿鎣戈　西漢

九八　豹銜鼠鎣戈　西漢

九九　水獺捕魚銎戈　西漢

一〇〇　虎熊搏鬥銎戈　西漢

一〇一　虎猪銎戈　西漢

一〇二　曲柄斧　戰國

一〇三　鳥踐蛇銎斧　西漢

一〇四　雉鈕斧　西漢

一〇五、一〇六　四獸銎斧　西漢

一〇九　鳥鈕矛　戰國

一〇七、一〇八　縛虎紋矛　戰國

一一〇　豹鈕矛　西漢

一一一　懸俘矛　西漢

一一二　蟾蜍矛　西漢

一一三　虎噬牛啄　戰國

一一四　魚鷹啄　西漢

一一五、一一六　牧牛啄　西漢

一一七、一一八　人形鈕鉞　西漢

一一九　魚鷹鈕鉞　西漢

一二〇　猴蛇鈕鉞　西漢

一二一　狐狸鈕鉞　西漢

一二二　蛇頭紋叉　西漢

一二三　八人縛牛扣飾　戰國

一二四　三人縛牛扣飾　戰國

一二五　四人縛牛扣飾　戰國

一二六　二騎士獵鹿扣飾　戰國

一二九　剽牛祭柱扣飾　西漢

一二七　四人獵虎扣飾　戰國

一二八　二人獵豬扣飾　戰國

一三〇　牽牛扣飾　西漢

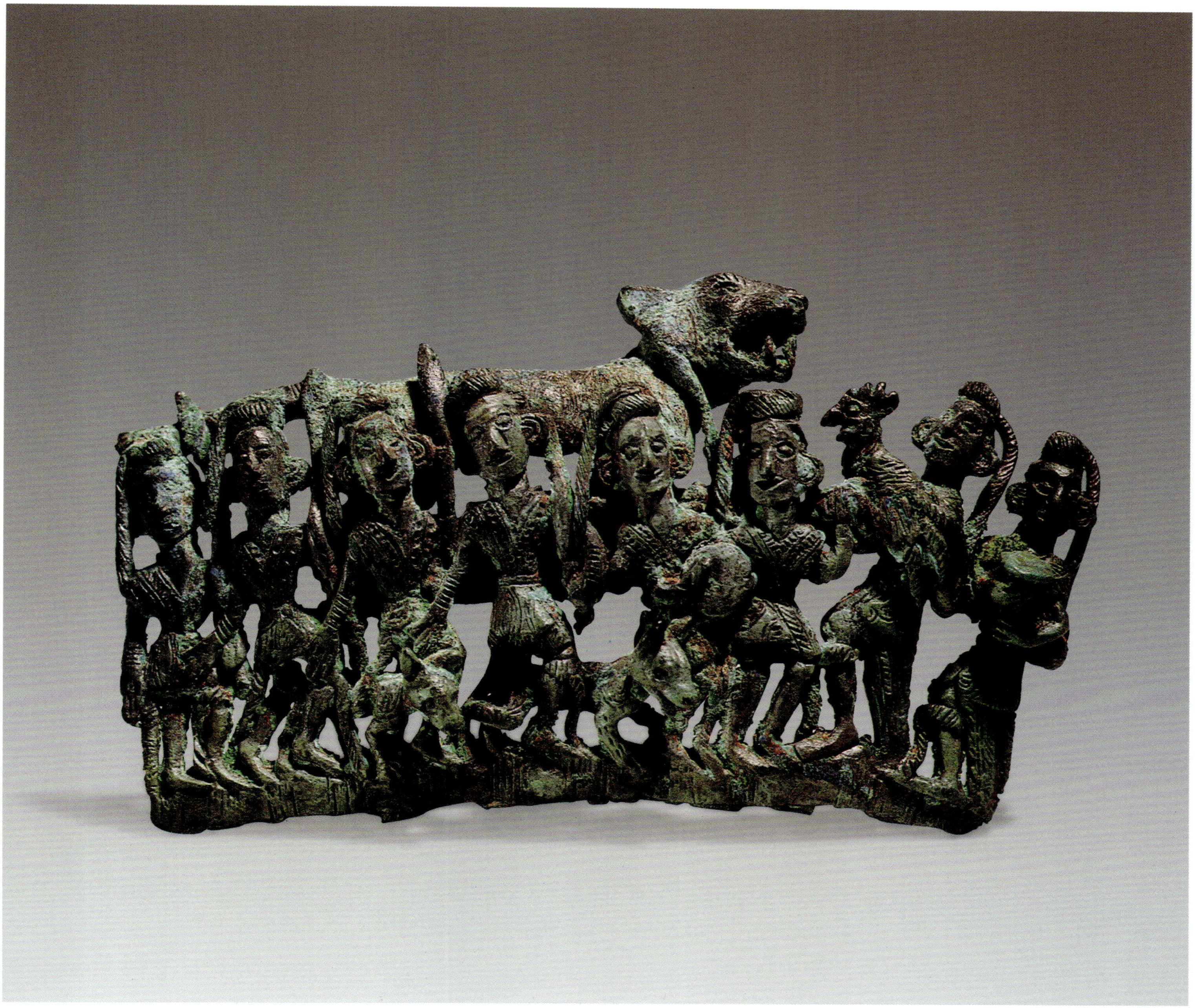

一三一　狩獵扣飾　西漢

一三二　擄掠扣飾　西漢

一三三　四人縛牛扣飾　西漢

一三四　八人獵虎扣飾　西漢

一三五　騎士獵鹿扣飾　西漢

一三六　騎士獵鹿扣飾　西漢

一三七　騎士扣飾　西漢
一三八　騎士扣飾　西漢

一三九　獵鹿扣飾　西漢
一四〇　一人三犬獵鹿扣飾　西漢

一四一　虎噬猪扣飾　戰國

一四二　三狼噬羊扣飾　戰國

一四三　三虎噬牛扣飾　西漢

一四六　二狼噬鹿扣飾　西漢

一四四　一虎噬牛扣飾　西漢

一四五　虎牛搏鬥扣飾　西漢

一四七　一虎揹牛扣飾　西漢

一四八　二虎噬猪扣飾　西漢

一四九　二豹噬猪扣飾　西漢

一五〇　狼豹爭鹿扣飾　西漢

一五一　虎噬鹿扣飾　西漢

一五二　長方形猴邊扣飾　戰國
一五三　長方形狐邊扣飾　西漢

一五六　圓形牛邊扣飾　西漢

一五四　長方形鬥牛扣飾　西漢

一五五　長方形鬥牛扣飾　西漢

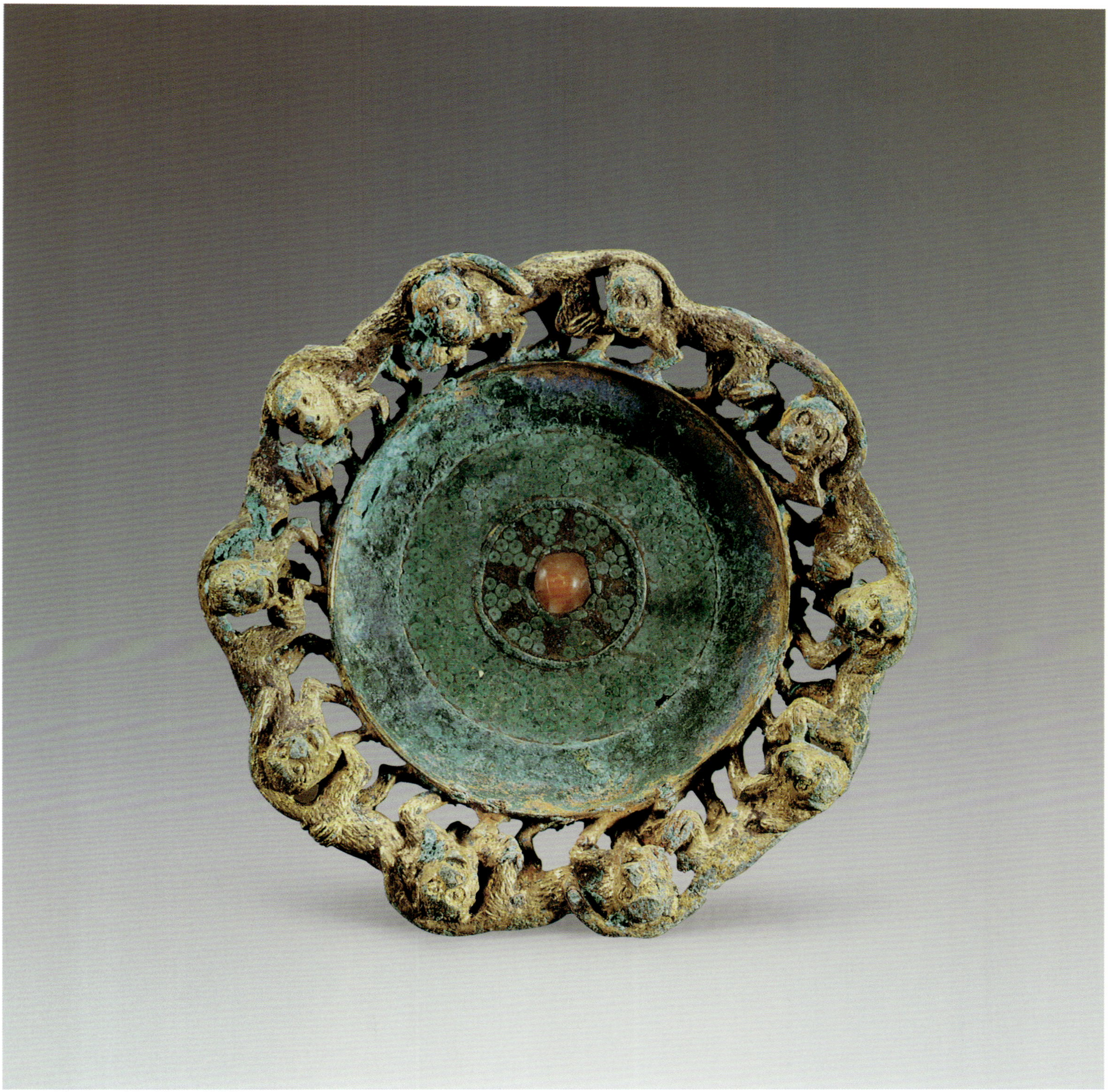

一五九　圓形猴邊扣飾　西漢

一五七　圓形牛頭扣飾　西漢

一五八　圓形鑲嵌雲紋扣飾　西漢

一六〇　立鹿　戰國

一六一　立鹿　西漢

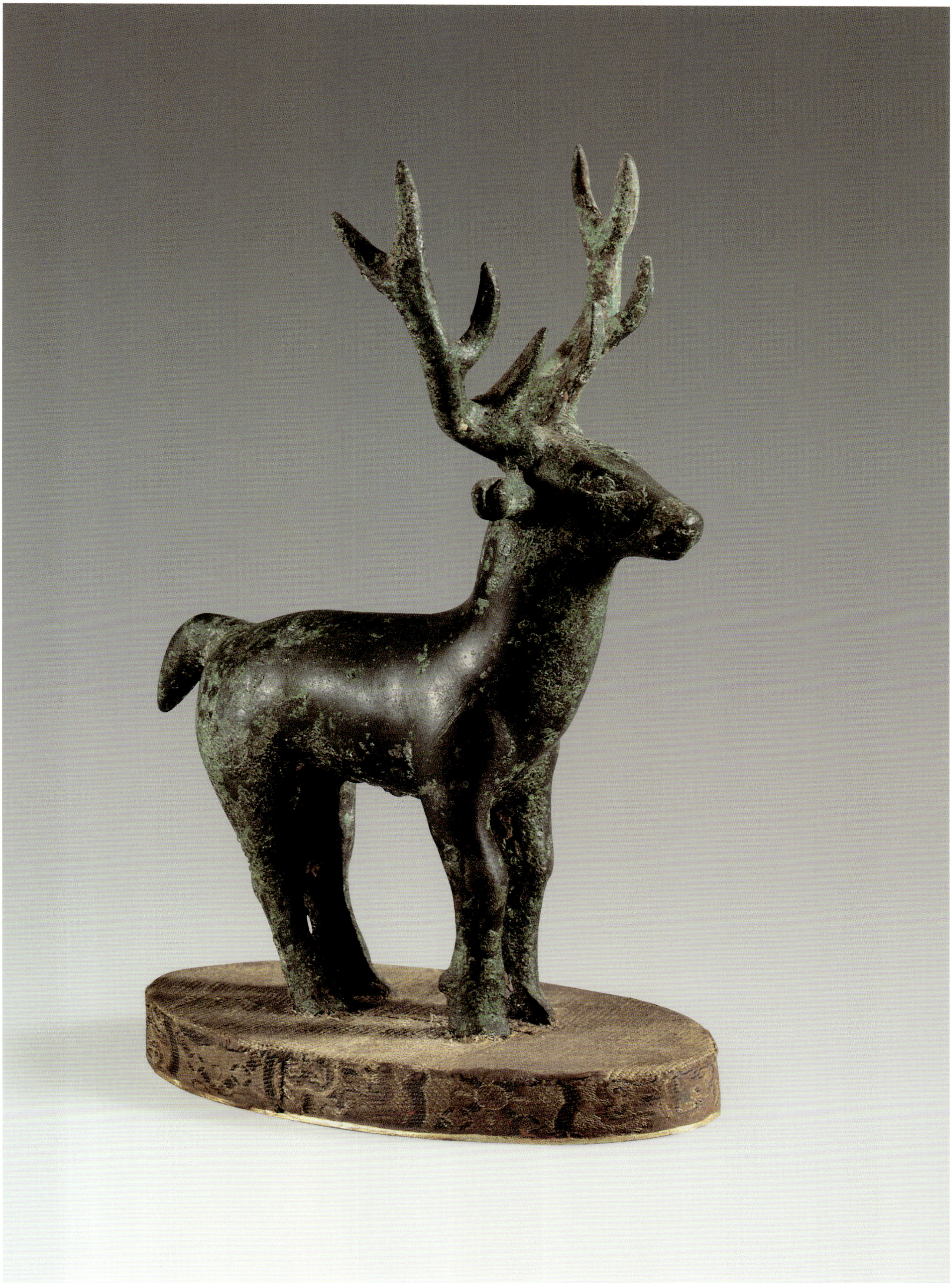

一六二　立牛　西漢

一六三　牛頭扣飾　西漢

一六四　牛頭扣飾　西漢

一六五　三孔雀扣飾　西漢

一六六　孔雀　西漢

一六七　鴛鴦　西漢

一六八　水鳥捕魚扣飾　西漢

一六九　魚飾　西漢

一七〇　立鹿杖頭　西漢

一七一　立兔杖頭　西漢

一七二　三牛杖頭　西漢

一七三　飛鷹杖頭　西漢

一七四　鸚鵡杖頭　西漢

一七五　孔雀杖頭　西漢

一七六　鳥形杖頭　西漢

一七七　鳥銜蛇杖頭　西漢

一七八、一七九　女俑杖頭　戰國

一八〇　舞俑杖頭　西漢

一八一　頭箍　戰國

一八二　手鐲　戰國

一八三　鎏金帶鈎　西漢

一八四　當盧　西漢

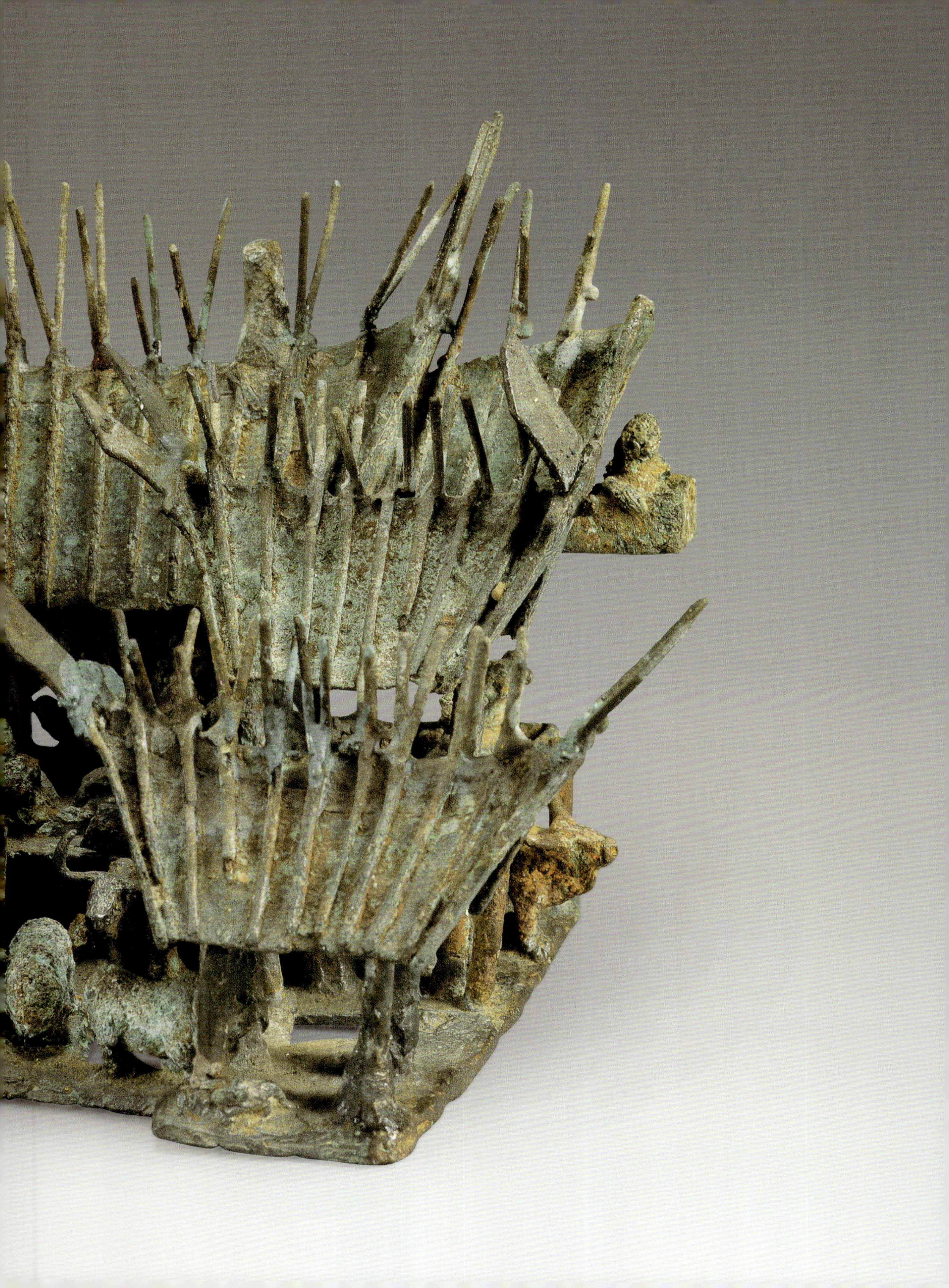

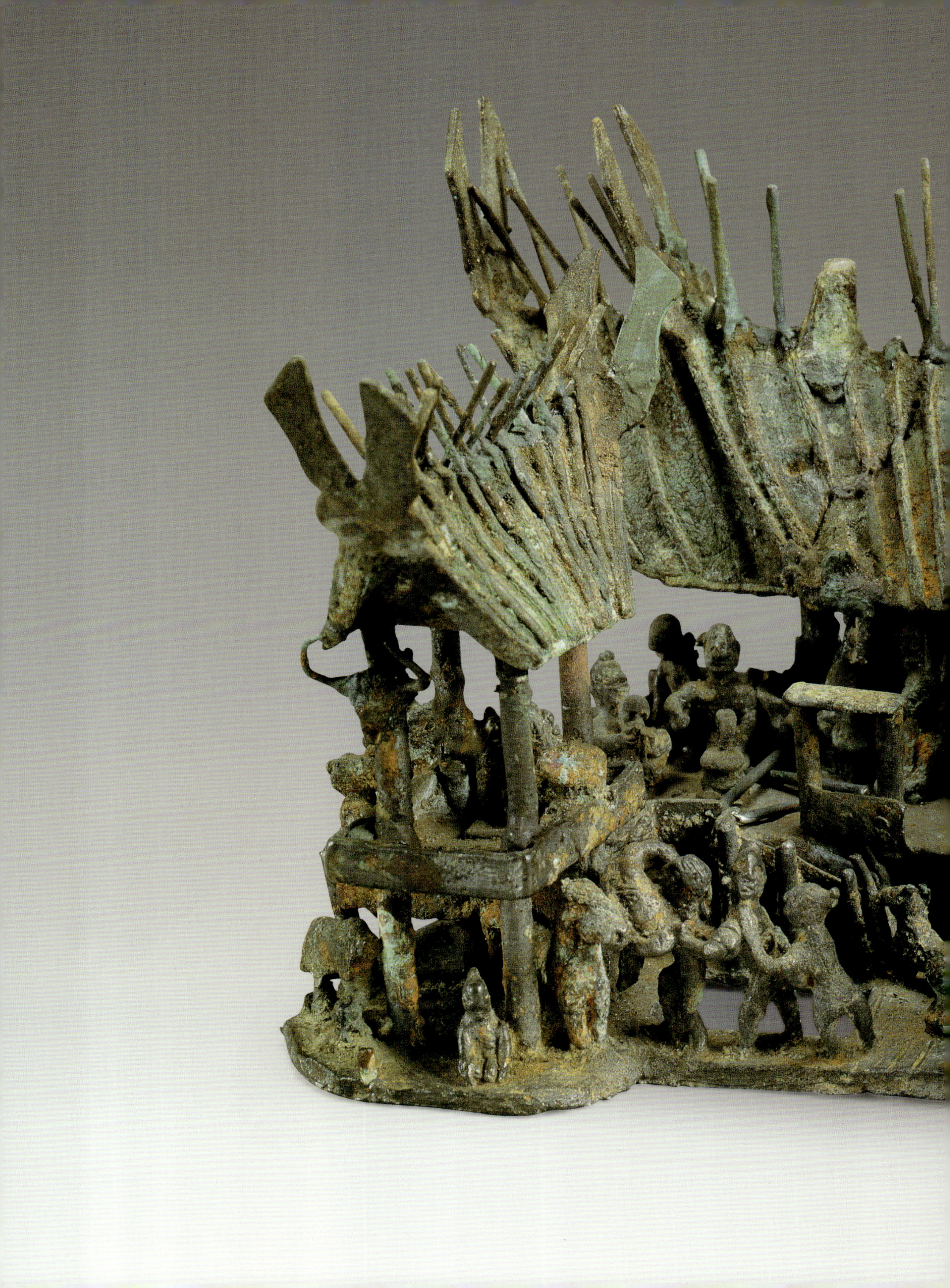

一八五——一八七　人物屋宇　西漢

一八八、一八九　人物屋宇　西漢

一九〇、一九一　人物屋宇　西漢

一九二　舞蹈扣飾　戰國

一九三　二人舞蹈扣飾　西漢

一九四—一九八　四人樂舞俑　西漢

一九九　鼓　春秋末期

二〇〇　鼓　春秋末期

二〇一　鼓　戰國

二〇二　鼓　戰國

二〇三　貼金銅鼓　西漢

二〇四、二〇五　鼓　西漢

二〇六—二〇八　鼓　西漢

二〇九　編鐘　戰國

二一〇　編鐘　戰國

二一二　鐘　西漢

二一一　鐘　戰國

二一三　編鐘　西漢

二一四　鑼　西漢

二一五、二一六　直管葫蘆笙　西漢

二一七　曲管葫蘆笙　戰國

二一八　八人樂舞扣飾　西漢

圖版說明

一、二 播種貯貝器

西漢
通高四〇、蓋徑二八．八厘米
一九九二年雲南江川李家山出土
雲南省江川縣文物管理所藏

銅鼓形器身，四耳，底附三足。胴下部和腰上部飾競渡紋和舞蹈「羽人」，胴上部和腰下部飾三角齒紋和同心圓紋。蓋上鑄極精細三十五人像，中央有一圓孔，插立一高大銅柱。蓋一側邊沿鑄以端坐于四人抬扛之肩輿內的女主人爲中心的一行人，皆着對襟裳，跣足，女主人通身鎏金。這一隊人前有二騎開道，其後一男扛鏟，一女挎種籽囊，一男持點種棒相隨。肩輿兩側各有男女二人跟隨服侍，左女執傘，右女奉食。這一場景似是表現主持完祭祀儀式的女主人正前往田間「親耕播種」。其餘的場景似是表現在祭祀的場地人們的交易活動。他們服飾裝束各異，有頭頂薪束者，有捧持罐罈者，有挾挎籃筐者，有展示布帛氈裘者，或行或立，或蹲或坐，極其生動。從這件貯貝器上可以看到，西漢末年滇人的祭柱儀式已不再殺戮活人敬鬼神了，這大概與漢文化的不斷傳入有關。

貯貝器爲滇人存放貝幣的容器，出土時器內多裝有貝幣。

（張新寧） 此二圖由上海博物館供稿

三 紡織場面貯貝器

西漢
通高四八、蓋徑二四厘米
一九九二年雲南江川李家山出土
雲南省江川縣文物管理所藏

器身飾弦紋、同心圓紋、鋸齒紋、雲雷紋等，器身及器蓋均雕兩對稱的老虎耳。器蓋上雕十人組成的紡織場面，人物形態逼真。一鎏金人物雙手撫膝高居一銅鼓之上，一人手執食盒跪侍其左側，一人跪其後執傘，還有一人跪在其前方，似正被訓斥和責罵。周圍二人正忙着繞線，四人低頭拼命地紡織布匹。整個畫面把腰機紡織的各道工序及操作過程（繞線、穿梭、打緯）均表現得淋漓盡致。這種紡織方法在現今雲南一些少數民族中仍廣爲使用。

（王桂蓉） 本圖由上海博物館供稿

四—六　紡織場面貯貝器

西漢

通高二一、蓋徑二四·五厘米

一九五五年雲南晉寧石寨山出土

中國歷史博物館藏

此貯貝器用擊破鼓面的廢銅鼓改製而成。腰部上端刻孔雀四隻，圈足處焊接圓雕飛鳥兩對。器蓋上共鑄十八人，均爲婦女。其中一人端坐在圓墊上，此人比其他人高大，身上鎏金，似爲監督紡織者；周圍有侍女數人，有持布者、執傘者（傘蓋已脱落）、捧盤奉食者（盤中盛一鷄）；另有一人站立，雙手捧盤于胸前，盤中盛魚兩尾。器蓋邊緣有踞坐者數人。其中一人身側掛一裝物之布袋，作捻線狀；另有織布者（織機爲原始的踞織機）、捧物者、執杼者、驗看成品者若干人。

攝影：王露

七—一二　祭祀場面貯貝器

西漢

通高五三、蓋徑三二厘米

一九五六年雲南晉寧石寨山出土

中國歷史博物館藏

器身爲圓筒形，兩側有對稱的虎形雙耳，腰微束，底部有三獸爪形矮足。蓋上鑄各種動態的人物共一百二十七個（部分脱落者未計），「干欄」式房屋一間。

建築物主要由平臺和屋頂兩部分組成。平臺底部有柱承之，臺前各有一巨柱上撐屋頂。頂作上下兩層，上層爲人字形，下層四面出檐。平臺前後各置一獨木梯，與地面連接。

臺上置一高凳，一婦女垂足而坐，似爲主祭人。主祭者兩側及前後各置銅鼓一列，共十六具。左前方一排五人，右側三人，均席地而坐，面前及手中各有飲器，可能是參與祭祀者。臺前有一人雙手捧物緣梯而上，似爲進食者。主祭人身後銅鼓上均置尊、杯之類，鼓前有兩大盤，內盛物。左側蹲一人，作侍候狀。

平臺左側爲另一人物活動中心。地上支一大釜，其上横置一長柄勺。釜前有一牛，已被宰殺倒地，旁有一人雙手執刀，似爲屠手。牛旁另有一羊，一屠者作欲宰之狀。其餘數人在旁作閒談狀，其中一人似爲指揮屠宰者。

臺之右側爲另一組人物。其前置一釜，釜後有馬一匹，繫于柱上；另有一猪，一婦女持器盛物飼養，其旁站立一人，似爲服役者，臺右近邊緣處有虎二隻，一虎仰首伏地，另一虎繫于柱上，虎前有一隻死犬，用以喂虎。其旁另有一婦女持蛇喂孔雀。

臺下有從事雜役者多人，景象繁忙。右後方立一木架，横樑上懸掛銅鼓和錞于各一，一男子雙手各執一錘擊之。其後置大銅鼓兩具，鼓間立一銅柱，柱上有蛇噬人圖像。柱後立一木牌，牌上縛一待刑之裸體男子，其旁有衆多服飾各異之人，有乘馬者，有步行者。另有多人持器盛物，多係婦女，似趁祭祀場所，作某種交易活動。

七、一一、一二圖攝影：王露　八、九、一〇圖攝影：孔立航

一三—一五　殺人祭銅鼓場面貯貝器

西漢
高三〇、蓋徑三二厘米
一九五六年雲南晉寧石寨山出土
雲南省博物館藏

器蓋上共雕三十二人，馬五、牛一、犬一。所有的人物大致以銅鼓的雙耳爲中線，分左右兩組。左側一組爲祭祀場面，共十六人。中央爲重疊的三個銅鼓，作爲祭祀的崇拜對象。鼓側跪一人，雙手互抱，另一人站立，着長衣，髮披于後背。跪者右側站立一人，右手持一物于胸前，左肩扛一罈狀物。此人身後踞坐一人，左手執盂，右手提籃。其左旁一人坐地，長衣束帶，左手持一盒狀物；另一人提籃站立，籃中似有物。前面一人雙手抱頭，身嚮前傾，面對木牌上被捆綁之人。被捆人的雙臂和雙足均用繩索緊縛，此人當爲祭祀之犧牲。木牌前立一人，似在掩面痛哭，想必爲待殺者之親屬。

銅鼓之右後方有一人頭被砍落，身軀横倒于地，其旁一人站立，雙臂嚮上彎曲。此人右後方立一人，手提一物扛于肩。被捆綁者右後方有一人，雙手横捧三物，右肩掛一布包，垂于左脅下。其後席地坐者一人，右手提籃，左手捧一物，身後立一牛。其左後方有一騎者，作下馬狀。馬後站立一人，蓄長辮，左臂戴鐲。

右側一組共十六人。最前一人騎馬開道，後隨一人，肩扛銅鋤，其後跟一犬。繼後有二人抬一肩輿，輿內坐一婦女，鎏金，髮髻垂于後頸，雙手置于輿外，似爲主持祭祀者。輿左側一人肩負編織物，頭部已殘。其後隨一婦女，雙手拱起，似嚮乘輿者招呼。此人之後又有一婦女坐于地，身側置一籃，右手持一盂形物。其前另有一行走的婦女，左手前伸，右手執二圓形木器，倚于肩。乘輿者之後有一騎馬奔馳者，雙手控韁，身嚮後仰。其後三人皆婦女，手中各捧有物。再後一人頭頂大籮，以手扶之。以上諸人均圍繞乘輿之主祭人。

一六—二〇　殺人祭銅柱場面貯貝器

西漢

通高三八、蓋徑三〇厘米

一九五五年雲南晉寧石寨山出土

雲南省博物館藏

器作銅鼓形，有底有蓋。腰部有線刻的狩獵圖案，共八人，皆裸體，手中各持兵器作追逐野獸狀。

器蓋兩側各置一小銅鼓，正中立一銅柱，柱中段盤繞二蛇，頂端立一虎，底座橫卧一鰐魚。柱之右側豎立一牌，一裸體男子之雙臂反縛于木牌上，其髮辮繫于牌後。木牌之右前方坐一人，左足鎖于木枷中；另有一人反縛雙手跪地，裸體。

銅柱之後方列坐婦女四排，每排三至四人，排列齊整。有的膝前置籃，籃中盛物；有的旁置成束之物，似剛收獲的農作物。一、二兩列婦女中立一男子，肩披巾，雙手撫于胸前，作觀望狀。列坐者左側另有婦女四人，膝前亦置籃，籃中盛魚、肉等物，其前有一男子，作佇立觀望狀。

上述人物活動場面中有一乘肩輿之婦女，似爲主祭人，其側有女子二人，手中各持有物，輿後跟一男子，當屬主祭人之隨從。在乘肩輿者附近另有受刑者、執斧行刑者若干人，與殺人祭銅鼓貯貝器之場面略同。

二一—二四　戰爭場面貯貝器

西漢
通高五三·九、蓋徑三三厘米
一九五六年雲南晉寧石寨山出土
雲南省博物館藏

此貯貝器由兩個廢銅鼓重疊而成，蓋上共有圓雕人物二十二個，馬五匹。蓋之中央爲一體形較大的騎士，似爲主將，此人戴盔貫甲，左手控繮，右手持矛作下刺狀。馬前有一人倒地，掙扎欲起；馬右後方立一人，左肩負盾，右側佩劍，雙手横執一矛。其右側又有一人，亦戴盔貫甲，騎馬前衝。馬前足踩倒一人，此人肩負盾，左手支地，右手上舉，作掙扎狀，其前有逸馬一匹，倒地之人想必從此馬上墜落。在騎馬者和執矛者之後站立一人，舉弩欲射。逸馬之前另有一人，左足前支，右膝跪地，雙手嚮前伸展。此人之前有一人，負盾佩劍，持矛刺殺。其右站立一人，着甲佩劍，左手執一兵器。面前有一人，左肩負盾，雙手握一兵器（已殘）。此人面對一人，作行進狀。背後一人跪地，兩髮辮後垂，雙手支地作求饒狀。其前站立一人，亦戴盔着甲，手持兵器已殘斷。其右側有騎馬疾馳者一人，戴盔着甲。馬後有一人，禿頭，着長衣。此人左前方有雙手被縛者二人，皆辮髮，其前有一人佩劍，似爲押解戰俘者。另有倒地之無頭屍體一具，其頭顱已被戰勝者所掠。

以上情景反映的是滇池區域的滇民族和滇西地區昆明人的作戰場面，因爲是滇國鑄造的青銅器，所以總是把自己作爲勝利者表現。

二五　戰爭場面貯貝器蓋

西漢
蓋徑三〇厘米
一九五六年雲南晉寧石寨山出土
雲南省博物館藏

器身已殘，僅存器蓋。蓋上共雕鑄十三人，其中一人騎馬，餘皆步卒。騎馬者戴盔貫甲，身着戰裙，腰束帶，佩劍，左手控繮，右手執矛下刺，馬頸下繫一人頭，爲斬獲敵人之首級。馬左後方一人倒地，裸體無頭；馬右後方蹲立一人，着甲

佩劍，右手執長劍前刺，左手持盾護身；馬左前方仰卧一人，披髮。仰卧者外側另有三人，皆右腿後曲，左腿前伸，持盾執劍刺殺。騎士身後有奔跑者三人，皆披甲佩劍，手執兵器已殘斷，其中一人手提人頭，另有一人裝束如前，左手持一盾牌。此人之左後方有一人倒地，另一人脚踩其背，手抓其髮辮。在此人前又有三人，其中二人披甲佩劍，一人蓄辮髮，右手拔劍，左手前伸作捕捉狀。

二六—二八　納貢場面貯貝器

西漢
通高三九·五、胴徑一二七·二厘米
一九五六年雲南晉寧石寨山出土
中國歷史博物館藏

此貯貝器由兩個廢銅鼓重叠而成，出土時上鼓已殘，下鼓修復如初。在兩鼓相接的邊沿處，雕鑄立體人物、動物一周，其中人像十七，牛、馬各二。腰、足部由三角形齒紋、同心圓渦紋等組成帶形圖案，足部另鑄浮雕卧牛四個。

以上人物按其髮形、服飾大致可分作七組，每組二至四人不等。前一人均盛裝佩劍，想必爲少數民族的頭人或酋長之類，其後隨從者有的牽牛牽馬，有的抬扛貢品。整個場面似爲滇國屬下各族嚮滇王納貢的情景，這對滇王來説是件氣派的事，故將其雕鑄在十分精緻的貯貝器上。

攝影：王露

二九、三〇　四牛騎士貯貝器

西漢
高五〇、蓋徑二六厘米
一九五六年雲南晉寧石寨山出土
雲南省博物館藏

器身上大下小，腰部微束，平底，三矮足。有對稱的虎形耳，虎作攀登狀，張口欲噬。器蓋正中鑄一鎏金騎士，周繞高封牛四頭。

二九圖攝影：王露

三一—三三　虎牛鹿貯貝器

戰國
通高三四·五、蓋徑一六·六厘米
一九七二年雲南江川李家山出土
雲南省博物館藏

圓筒狀，腰部微束，下有三足。足作踞坐人形，頭部和雙手上托器身。腰部有陰刻花紋，一組爲銜蛇孔雀六隻；另一組四人，有的牽牛，有的趕牛，有的持斧。還有鹿、牛及繩紋圖案。器蓋爲圓盤形，頂端鑄一牛，周有一虎三鹿。

三四　立牛貯貝器

戰國
高三三、蓋徑一八·五厘米
一九七二年雲南江川李家山出土
雲南省博物館藏

器身爲束腰圓筒形，有弦紋和菱形紋圖案。蓋上鑄一牛，底部有三扁平足。

三五　五牛貯貝器

戰國
高三一·二、蓋徑一六·三厘米
一九七二年雲南江川李家山出土
雲南省博物館藏

器蓋正中鑄一小銅鼓，鼓上立一牛，周繞四牛，雙雙相對。器身爲圓筒形，其上有雙旋紋、三角形齒紋圖案，三扁平足。

三六、三七　八牛貯貝器

西漢

高四九、蓋徑三〇・四厘米

一九五六年雲南晉寧石寨山出土

雲南省博物館藏

圓筒狀，束腰，平底，底部有三獸爪形足。腰部爲對稱的虎形耳（其中一耳已脫落），虎作攀登回首狀。蓋上共鑄八牛，中間一牛較大，其餘七牛環繞其周。

三八　七牛貯貝器

西漢

高一九・五、蓋徑四七厘米

一九五六年雲南晉寧石寨山出土

雲南省博物館藏

器蓋頂部爲錐形體，其上有七牛環繞。器口開于蓋頂，器身上圓下方，四扁平足。

三九　五牛貯貝器

西漢

高四五、蓋徑二五厘米

一九五六年雲南晉寧石寨山出土

雲南省博物館藏

器身爲束腰圓筒形，腰部有對稱的虎形耳。蓋上鑄五牛，中央一牛較大，其餘四牛環繞蓋之邊沿。平底，三扁平足。

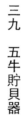

四〇、四一　五牛線盒

戰國
高三一・二、蓋徑一八厘米
一九七二年雲南江川李家山出土
雲南省博物館藏

器身上段爲圓形，下段漸收束，至底部成圓角方形，平底，底部有四扁平足。器蓋飾蛇紋及竹節紋，頂部鑄立牛五頭，牛腹上有雲紋和編織紋。盒內裝殘絲線，故定名線盒。

四二　五牛桶

戰國
高四九・五、蓋徑二九厘米
一九七九年雲南呈貢天子廟出土
昆明市文物管理委員會藏

圓形蓋，蓋面微鼓，其上有花紋。蓋中央鑄一大牛，周有小牛四頭（其中一牛已脱落），牛身皆有花紋。蓋側有對稱的方形耳。

器身近口沿處有對稱的虎形耳，與蓋側之方形耳相對應。桶上遍布花紋，有弦紋、三角形齒紋、圓圈紋及斜線紋等，另有競渡、牛、水鳥等紋飾，與滇池區域出土銅鼓上的花紋相似。桶身下有三楔形足，平底。

四三　立牛線盒

戰國
高三二・二、蓋徑一五・六厘米
一九七二年雲南江川李家山出土
雲南省博物館藏

器蓋中心至邊沿有十角光芒、三角形齒紋、竹節紋及孔雀、太陽紋各一周，另有浮雕小魚一尾。蓋頂正中鑄一牛，仰頭垂尾作凝視狀。器身與器蓋均有對稱的條形耳，底部有四扁平足。腰部飾旋紋及竹節紋，另有浮雕的鳥銜蛇圖案一組。盒內裝繞線板，板上有殘線。

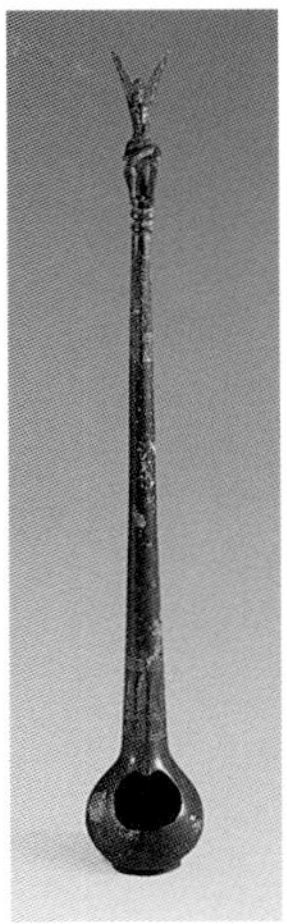

四四、四五　踞坐男俑勺

戰國
高三九·五厘米
一九七二年雲南江川李家山出土
雲南省博物館藏

勺體爲球形，正中有一圓孔。實心柄，柄上有三角形齒紋和點線紋組成的條帶一周，柄端鑄一裸體男子，背靠叉形板，雙手抱膝踞坐于圓形墊上。

四六　立鹿針筒

戰國
高二七·五、蓋徑二·七厘米
一九七二年雲南江川李家山出土
雲南省博物館藏

圓筒狀，器身遍布蛇形紋。蓋與器身均有對稱的小耳，蓋頂立鹿，四肢彎曲，側首張望作驚恐狀。

四七、四八　牛虎案

戰國
高四三、長七六厘米
一九七二年雲南江川李家山出土
雲南省博物館藏

此案由一虎二牛組成。案體爲一立牛，四蹄作案腿，前後腿間有橫樑相連。呈橢圓盤口狀牛背作案面。大牛腹下橫置一小牛，立于大牛前後腿間的橫樑上，尾端有一虎，虎口緊咬大牛之尾，四爪抓住其後胯。此牛虎案中之大牛頸肌豐滿，兩巨角前伸，給人以重心前移搖搖欲墜之感，但其尾端有一虎，一種後墜力使案身恢復了平衡。大牛腹下橫置一小牛，增强了案身的穩定作用。

四九　弧面旋紋案

戰國

高一一·五、長三九厘米

一九九〇年雲南騰衝曲石出土

騰衝縣文物管理所藏

案面呈弧形，兩頭較寬，中段稍窄。其上花紋爲相同的兩組，每組邊沿爲三角形齒紋，中間用直線分作六格，每格以旋紋和雲紋相間。案下兩側各有一柵欄形腿，其上遍布斜線三角形紋。

五〇　立牛杯

戰國

高二九厘米

一九七二年雲南江川李家山出土

雲南省博物館藏

敞口，腹斜直，平底，圈足。腹部及圈足處有雙旋紋及斜方格紋；蓋上有孔雀及竹節紋。蓋頂鑄一牛，頭微傾，尾下垂。

五一　立牛尊

戰國

高三一厘米

一九七二年雲南江川李家山出土

雲南省博物館藏

侈口，鼓腹，平底，圈足。蓋上有鳥紋、竹節紋等圖案，頂端鑄一牛，頭微仰，尾下垂。

五二　立牛壺

戰國
高三五・五厘米
一九七二年雲南江川李家山出土
雲南省博物館藏

小口，長頸，圓腹，小平底。鼓形蓋，頂端鑄一牛，頭微仰，尾下垂。

五三　雙牛尊

西漢
高二六・一厘米
一九五六年雲南晉寧石寨山出土
雲南省博物館藏

敞口，扁圓腹，喇叭形足。肩部有對稱臥牛兩頭，嘴微張，尾上曲。

五四　牧牛器蓋

西漢
高七、蓋徑一〇厘米
一九五六年雲南晉寧石寨山出土
雲南省博物館藏

整體似斗笠狀，頂端坐一跣足牧童，肩披氈，背掛斗笠，雙手持杖，眼微閉，疲倦欲睡。牧童周圍橫臥三牛，嘴微張，四腿彎曲，尾上卷，作休憩狀。

五五　虎牛枕

戰國

高一五·五、長五〇·三、寬一〇·六厘米

一九七二年雲南江川李家山出土

雲南省博物館藏

整體作馬鞍形，兩端上翹各鑄一牛。枕之一側有雲紋；另一側爲雲紋底，其上有虎噬牛浮雕圖案三組。出土時在死者頭下，部分耳環及頭骨殘片尚粘于枕面，故名之銅枕。

五六　五牛枕

戰國

高三二·五、長五二、寬一三厘米

一九七二年雲南江川李家山出土

雲南省博物館藏

馬鞍形，兩端上翹各鑄一牛。一側無紋飾，另一側以虎紋及雙旋紋爲底，其上有浮雕立牛三頭。

五七　傘蓋

戰國

高一六·五、徑四三·二厘米

一九七二年雲南江川李家山出土

雲南省博物館藏

整體似炊鍋覆置狀，頂上鑄一牛。傘面有平行溝紋，邊沿爲網狀紋。傘內側邊沿有十個小圓環，作繫鈴用，另有兩個較大的半圓環，供裝木柄。

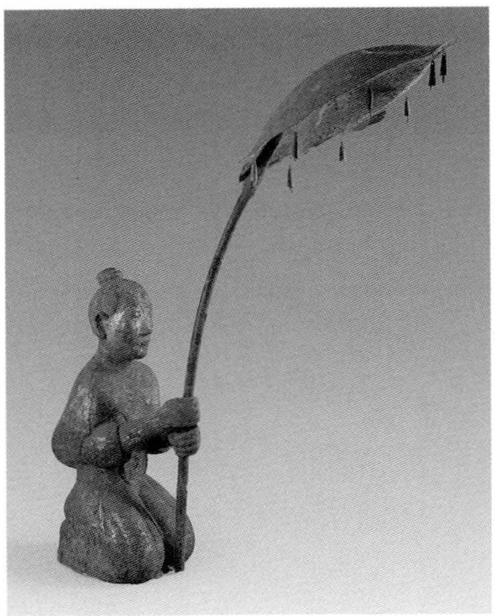

五八　執傘男俑

西漢
高六五·六厘米
一九九二年雲南江川李家山出土
雲南省江川縣文物管理所藏

男俑跪坐于素銅鼓上，頭頂挽高髻，面略嚮左側，耳佩大玦，頸戴串珠項鏈，衣袖及肘，右肩挎寬帶佩劍于左胯，背披氈，後腰突出，外扎腰帶，前佩扣飾，小臂佩釧，跣足。雙手執傘，傘已脱落。（張新寧）本圖由上海博物館供稿

五九　執傘女俑

西漢
高四三厘米
一九五六年雲南晉寧石寨山出土
雲南省博物館藏

踞坐，高髻，身披巾，束帶着裙，腰繫圓形飾。雙手執傘，傘已脱落。

六〇　執傘男俑

西漢
高五〇厘米
一九五六年雲南晉寧石寨山出土
雲南省博物館藏

踞坐，椎髻，身披巾，腰繫圓形飾。雙手執傘，傘周沿繫小鈴。

六一　執傘女俑

西漢
高二七·五厘米
一九五六年雲南晉寧石寨山出土
雲南省博物館藏

踞坐，高髻，佩戴耳環、手鐲及項鏈。身披巾，巾上有孔雀、鹿、狼及蛇紋圖案。腰繫圓形飾，身側佩劍。雙手執傘。傘已脱落。

六二　執傘女俑

西漢
高四六·五厘米
一九五六年雲南晉寧石寨山出土
雲南省博物館藏

踞坐，銀錠形髮髻垂于後背，着對襟長衣，寬袖，袖上有紋飾。雙手執傘，傘已脱落。

六三、六四　動物紋棺

戰國
高八二、寬六二、長二〇〇厘米
一九六四年雲南祥雲大波那出土
雲南省博物館藏

棺身作長方形，人字形頂，棺下有矮足，整體似一「懸山」頂「干欄」式建築。

此棺共由七塊銅板組成，重二百五十七公斤，板與板間有榫口套接，可裝可卸。兩側板及頂板外壁鑄雲紋及蛇形紋，頭、尾板有虎、豹、猪、馬、鹿、鷹、燕等動物圖案，底板無紋飾。

六五　孔雀銜蛇紋錐

戰國

高一三・八厘米

一九七二年雲南江川李家山出土

雲南省博物館藏

柄爲實心球形，其上有線刻孔雀銜蛇圖案。錐刺細長，與柄鑄爲一體。

六六　尖葉形鋤

西漢

高三〇・五、寬二三・四厘米

一九九二年雲南江川李家山出土

雲南省江川縣文物管理所藏

尖葉形，中起三角形銎。上沿及銎兩側飾雷紋，器表鍍錫。製作精細，出自大型墓葬內，似爲滇貴族「農祀」或「籍田」用。

（張新寧）　本圖由上海博物館供稿

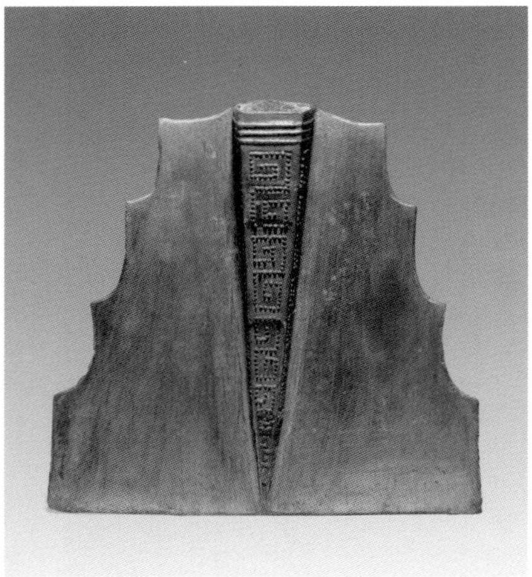

六七　梯形鋤

西漢

長二〇・六、寬二一・八厘米

一九九二年雲南江川李家山出土

雲南省江川縣文物管理所藏

鋤刃齊平，兩側呈階梯狀嚮上收，中起銎，略作方形，銎上飾雷紋，器表鍍錫。出自大型墓內，數量極少，當不屬實用器。

（張新寧）　本圖由上海博物館供稿

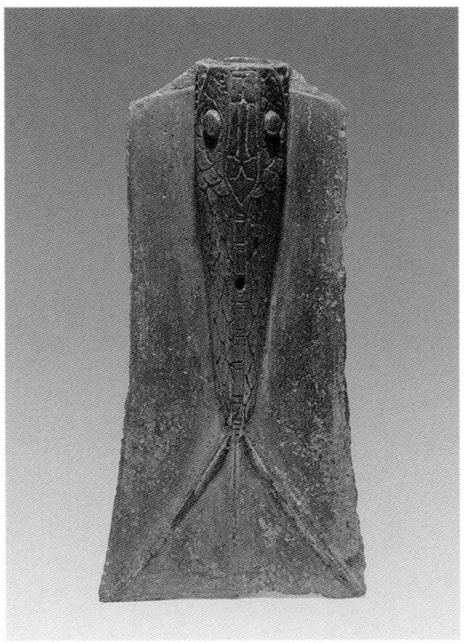

六八　蛇頭形銎鏟

西漢

長二〇・八、寬一〇・四厘米

一九九二年雲南江川李家山出土

雲南省江川縣文物管理所藏

通體略呈長方形，中起蛇頭樣銎，下分三棱達鋤刃，蛇口張開以納柄，器表鍍錫。蛇的眼、牙、鱗等極精致。

（張新寧）　本圖由上海博物館供稿

六九　孔雀紋鋤

西漢

高二〇・五、寬一一・四厘米

一九五六年雲南晉寧石寨山出土

雲南省博物館藏

長條形，前鋒齊平，後端橢圓。銎作半圓形，突起于鋤面正中，其上飾齒紋及雲紋等圖案。鋤面下段有脊棱三道，其中有線刻孔雀兩隻，皆伏卧，尾上揚。

七〇、七一　孔雀紋鋤

西漢

高二八・五、寬二〇・五厘米

一九五六年雲南晉寧石寨山出土

雲南省博物館藏

尖葉形，後端橢圓，銎爲三角形，突起于鋤面正中。銎上飾雲紋及弦紋，兩側各有一線刻的孔雀，尾上揚，作走動狀。

七二、七三　孔雀牛頭紋鋤

西漢
高二一・七、寬二〇厘米
一九五六年雲南晉寧石寨山出土
雲南省博物館藏

闊葉形，前鋒齊平，後端橢圓。銎作三角形，突起于鋤面正中，其上飾齒紋、弦紋及雲紋圖案，銎部兩側有線刻的孔雀、牛頭各一。

七四　踞織機部件

西漢
長三六—四六、寬二—四・三厘米
一九五六年雲南晉寧石寨山出土
雲南省博物館藏

踞織機部件爲經軸、布軸、分經杆和打緯刀，全部爲銅鑄。

踞織機又稱腰機，是一種較原始的織布工具。織者席地而坐，布軸用背帶繫于腰間，經軸用雙脚蹬直，分經杆在經線中段，用此杆將所有經線分爲底經和面經兩部分。織布時，織者一手持投緯棒，一手持打緯刀，每投緯一次，用打緯刀將織口之緯線打實。如此反復，經軸之經線逐漸縮短，布軸之布在增長。

七五　獸紋臂甲

戰國
高二一・七厘米
一九七二年雲南江川李家山出土
雲南省博物館藏

圓筒形，上粗下細，與人之手臂同。背面有開口，口沿處有對稱的穿孔兩列，便于繫索緊束。甲面遍布精美、纖細的線刻花紋，爲豹、虎、熊、鹿、猪、鷄、魚、蝦、蜈蚣、蜜蜂、甲蟲等十餘種。線條流暢、活潑，形象生動、逼真。

七六　立鳥戚

戰國

高一二二、寬二二厘米

一九七二年雲南江川李家山出土

雲南省博物館藏

扁圓銎。實心銅柄與銎部鑄爲一體。銎上飾雙旋紋，中段起脊，至刃部成尖鋒。柄端鑄一立鳥，銎側繫一銅鈴。

攝影：王露

七七　雙旋紋箭箙

戰國

高四八．二、寬一一厘米

一九七二年雲南江川李家山出土

雲南省博物館藏

長方扁平形，有蓋。正面用孔雀石小珠鑲嵌成雙旋紋及竹節紋圖案；背面無紋飾，有方孔，便于繫索懸掛。內裝殘箭杆及銅鏃。

七八　螺旋紋柄劍

戰國

高三〇．五厘米

一九八〇年雲南劍川鰲鳳山出土

雲南省博物館藏

柄上有突起的螺旋紋，山字形劍格，刃部後端有突起的圓圈紋。

七九　鳥頭形戚

戰國

長一八厘米

一九七九年雲南呈貢天子廟出土

雲南省昆明市文物管理委員會藏

扁圓銎，飾圓圈紋、旋紋、點紋及蛇紋圖案。銎部後端爲花束形，似鳥頭之花冠；前端呈二曲鈎狀，鈎端有鉞形刃，似鳥之長喙。

八〇　劍鞘

戰國

長二八、寬一二厘米

一九七八年雲南曲靖八塔臺出土

雲南省博物館藏

原劍鞘由兩塊相同的鏤孔紋銅板組成，此爲其中的一片。邊沿爲蛇紋及卷雲紋，中間有條形雲紋帶，正中有七個圓圈形鏤孔。

八一—八三　獵頭紋劍

戰國

高二八·二厘米

一九七二年雲南江川李家山出土

雲南省博物館藏

劍柄及刃部後端有浮雕人像，皆大眼、長齒、巨型嘴，形象奇特。其中一人右手執劍，左手提人頭；另一人高舉雙手作下蹲跳躍狀。似巫師作祭祀活動。

八四　寬刃劍及鞘

西漢

劍長二八・八、格寬一一・四厘米　鞘長二二・八、寬一四・二厘米

一九九二年雲南江川李家山出土

雲南省江川縣文物管理所藏

闊臘曲刃，一字形格，表面鍍錫。鞘整體鑄就，兩側曲入，下端呈心形，嚮正面翹。劍莖及鞘正面飾雲雷紋。劍臘闊而短，鞘厚且重，不適于平時佩戴和格鬥，可能是軍事指揮權的象征。

（張新寧）　本圖由上海博物館供稿

八五　銅格鐵劍及金鞘飾

西漢

劍長七九、刃寬三・二厘米　鞘飾長四六・八、寬四・二厘米

一九九二年雲南江川李家山出土

雲南省江川縣文物管理所藏

劍臘雙刃平直，棱形銅格，圓形銅標首。鞘飾呈長條形，鍛壓出頭脚相接分布的五人，皆側身，長帶束髻，耳佩大玦，無袖長裳外扎腰帶，手舞足蹈。髮帶和長裳嚮後飄蕩。

（張新寧）　本圖由上海博物館供稿

八六　銅柄鐵劍

西漢

長六八・五厘米

一九七二年雲南江川李家山出土

雲南省博物館藏

空心柄，圓劍首，柄上飾米點紋。三杈形劍格，兩側各有乳釘。刃爲鐵製，銅、鐵接合部有焊接痕跡。

八七、八八　蛇柄劍

西漢
長三一・五厘米
一九五六年雲南晉寧石寨山出土
雲南省博物館藏

柄作蛇形，張口露齒，身軀彎曲。一字形劍格，刃部一側略成弧形。

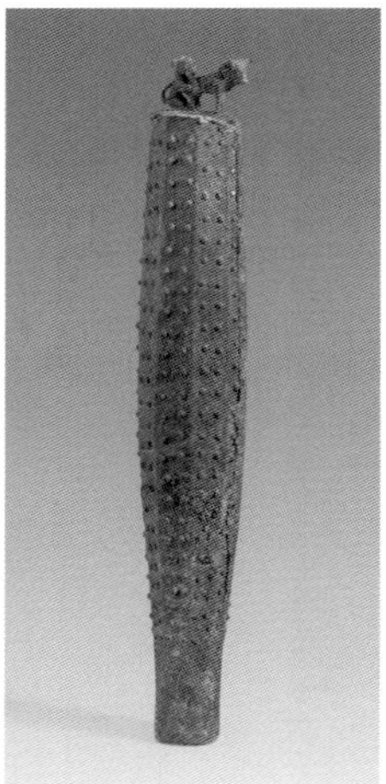

八九　虎噬牛狼牙棒

戰國
高三〇・七、棒徑四・六厘米
一九七二年雲南江川李家山出土
雲南省博物館藏

棒作八棱形，圓銎，其上有排列整齊的錐刺，似獸齒。頂端鑄虎噬牛圖像，牛站立，虎躍踞牛背，噬其肩部。

九〇　矛頭狼牙棒

戰國
高三二、矛長一二厘米
一九七二年雲南江川李家山出土
雲南省博物館藏

棒作八棱形，圓銎，其上有排列整齊的錐刺。棒端有一圓形座，上接一矛頭。

九一—九三　人形紋戈

戰國
高二五厘米
一九七二年雲南江川李家山出土
雲南省博物館藏

方內，援微曲，前鋒齊平。內與援上均有穿孔，飾太陽紋及人形紋，人作雙手互挽舞蹈狀。

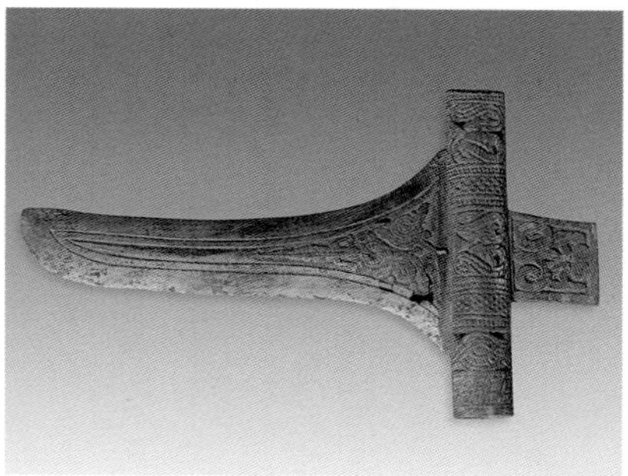

九四　銎闌戈

西漢
通長二七·六、銎長一五·五厘米
一九九二年雲南江川李家山出土
雲南省江川縣文物管理所藏

闌呈扁圓筒狀銎。方內，無胡，直援後端寬，前端雙刃上聚成鋒。內、銎和援上紋飾以蛇爲主體，表面鍍錫，製作精細，爲儀仗器。

（張新寧）　本圖由上海博物館供稿

九五　手持劍形戈

西漢
通長二六·四、銎長八·六厘米
一九九二年雲南江川李家山出土
雲南省江川縣文物管理所藏

手反握劍柄，劍臘作戈援，腕部手臂內空呈銎內以納柲，器表鍍錫。造型奇特，獨具匠心。

（張新寧）　本圖由上海博物館供稿

九六　三熊銎戈

西漢
長一九·七厘米
一九五六年雲南晉寧石寨山出土
雲南省博物館藏

扁圓銎，飾回紋、圈點紋圖案。銎背雕鑄三熊，皆垂頭，張口嘶叫。

九七　三鹿銎戈

西漢
長一二厘米
一九五六年雲南晉寧石寨山出土
雲南省博物館藏

扁圓銎，飾雙旋紋及圓圈紋。銎背立三鹿，皆仰首翹尾作驚恐狀。銎下鑄一蛇，頭上仰，張口欲噬。

九八　豹銜鼠銎戈

西漢
長二七厘米
一九五六年雲南晉寧石寨山出土
雲南省博物館藏

扁圓銎，飾雙旋紋及圓圈紋。銎背有一豹，尾下垂，口中銜一鼠，作跑動狀。

九九　水獺捕魚銎戈

西漢
長二七厘米
一九五六年雲南晉寧石寨山出土
雲南省博物館藏

扁圓銎，飾弦紋、雙旋紋及動物紋。銎背鑄水獺兩隻，相嚮捕食一魚。

一〇〇　虎熊搏鬥銎戈

西漢
長二二·七厘米
一九五六年雲南晉寧石寨山出土
雲南省博物館藏

扁圓銎，飾回紋、圓渦紋及旋紋。銎背有虎、熊搏鬥及猴、蛇雕鑄。

一〇一　虎猪銎戈

西漢
長二四·五厘米
一九五六年雲南晉寧石寨山出土
雲南省博物館藏

扁圓銎，飾圓圈紋、雙旋紋及雲紋、齒紋圖案。銎背鑄一虎及一猪，相嚮蹲立，張口欲噬。虎與猪下有一蛇，首尾相繞。

一〇二　曲柄斧

戰國
長一二厘米
一九七二年雲南江川李家山出土
雲南省博物館藏

斧刃與柄鑄爲一體。銎側有半環鈕，飾弦紋、雲紋和網狀紋。柄部彎曲，其上鑄一圓形飾物。

一〇三　鳥踐蛇銎斧

西漢

長一六厘米

一九五六年雲南晉寧石寨山出土

雲南省博物館藏

銎部飾回紋、旋紋、齒紋及圓圈紋。銎背鑄二水鳥，展翅欲飛；鳥足下踐二蛇，蛇頭仰立，作掙扎狀。

一〇四　雉鈕斧

西漢

長一五厘米

一九五六年雲南晉寧石寨山出土

雲南省博物館藏

銎部飾繩紋、雲紋及圓圈紋。銎側鑄一雉鳥，仰首垂尾，作觀望狀。

一〇五、一〇六　四獸銎斧

西漢

長一七·二厘米

一九五六年雲南晉寧石寨山出土

雲南省博物館藏

銎部飾回紋、旋紋、齒紋及圓圈紋。銎背鑄四獸，中間兩隻相背而坐，兩邊兩隻相嚮而立，尾皆上卷，垂頭作覓食狀。

一〇七、一〇八　縛虎紋矛

戰國

長四〇·四厘米

一九七二年雲南江川李家山出土

雲南省博物館藏

銎部有三組浮雕圖像：上面一組爲一人持劍刺虎；中間一組爲三人持繩縛虎；下面一組爲二人持繩縛虎。

一〇九　鳥鈕矛

戰國

長一八·二、寬九·三厘米

一九七二年雲南江川李家山出土

雲南省博物館藏

刃部較寬，似樹葉狀。銎口呈凹形，飾旋紋、回紋及曲線紋，銎側鑄一鳥形鈕。

一一〇　豹鈕矛

西漢

長一七·九、寬七·一厘米

一九五六年雲南晉寧石寨山出土

雲南省博物館藏

刃部似樹葉狀，橢圓形銎，飾弦紋、繩紋及旋紋。銎側鑄一豹，仰首翹尾。

一一一　**懸俘矛**

西漢

長三〇・五厘米

一九五六年雲南晉寧石寨山出土

雲南省博物館藏

刃部後端兩側各吊一裸體男子，其髮下垂，雙手反縛，似爲受刑之奴隸。

一一二　**蟾蜍矛**

西漢

長一七厘米

一九五六年雲南晉寧石寨山出土

雲南省博物館藏

闊刃，圓銎。刃部後端及銎上鑄一浮雕蟾蜍，其前肢彎曲成銎側的兩環鈕，後肢下蹲作跳躍狀。

一一三　**虎噬牛啄**

戰國

長二五・二厘米

一九七二年雲南江川李家山出土

雲南省博物館藏

細長刺，刺鋒齊平，圓形銎。銎部及刺鋒後段飾菱形紋、方格紋和蛇紋圖案。銎上側有虎噬牛立體雕鑄。

一一四　魚鷹啄

西漢

高一七、長一六・四厘米

一九五六年雲南晉寧石寨山出土

雲南省博物館藏

圓形銎，其上飾旋紋、圓圈紋及弦紋圖案。銎背鑄二魚鷹，一鷹垂頭，另一鷹銜魚仰首，皆作游動狀。

一一五、一一六　牧牛啄

西漢

高二〇・四、長一五・一厘米

一九五六年雲南晉寧石寨山出土

雲南省博物館藏

圓形銎，其上飾旋紋、齒紋及圓圈紋。銎背鑄三人一牛，一人在前作牽牛狀；二人在後趕牛，其中一人扛工具，另一人揹物。

一一七、一一八　人形鈕鉞

西漢

高一二・二厘米

一九五六年雲南晉寧石寨山出土

雲南省博物館藏

橢圓形銎，其上飾旋紋、曲線紋及弦紋圖案。銎側有一人形鈕，曲肢、仰卧。

一一九　魚鷹鈕鉞

西漢

高一一·三厘米

一九五六年雲南晉寧石寨山出土

雲南省博物館藏

橢圓形銎，其上飾斜方格紋、旋紋及繩紋圖案。銎側有一魚鷹形鈕，鷹嘴中銜一魚。

一二〇　猴蛇鈕鉞

西漢

高一四·五厘米

一九五六年雲南晉寧石寨山出土

雲南省博物館藏

扁圓銎，銎部及刃部後段飾旋紋、齒紋及斜方格紋。銎側有一猴形鈕，猴嘴中銜一蛇。

一二一　狐狸鈕鉞

西漢

高一五厘米

一九五六年雲南晉寧石寨山出土

雲南省博物館藏

扁圓銎，其上飾回紋及繩紋圖案。銎側有一狐狸形鈕，仰首、垂尾，作跑動狀。

一二二　蛇頭紋叉

西漢

高三〇厘米

一九五六年雲南晉寧石寨山出土

雲南省博物館藏

圓形銎，銎背飾浮雕蛇頭，蛇背有鱗片，張口、鼓目，作吞食狀。刃作長方形，前鋒分杈，似魚尾狀。

一二三　八人縛牛扣飾

戰國

高六·五、寬一〇·八厘米

一九七九年雲南呈貢天子廟出土

雲南省昆明市文物管理委員會藏

畫面之右側立一柱，柱上有一平臺，其上卧一犬。一牛被牽至柱前，八人同時捆縛，其中一人持繩數周立于柱前，手扶柱之下段；一人伏于牛下作繫繩狀；二人共挽牛尾；四人按伏牛背。背面有矩形扣。

一二四　三人縛牛扣飾

戰國

高四、寬六·五厘米

一九七二年雲南江川李家山出土

雲南省博物館藏

一巨型牛站立，二人共挽其尾，一人持繩繫于牛頸及其前腿。其下有一條形板，板上飾線紋圖案。背面有矩形扣。

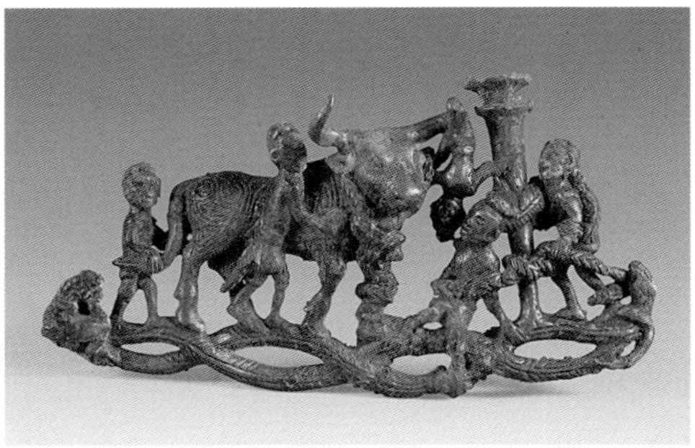

一二五　四人縛牛扣飾

戰國

高六、寬一二厘米

一九七二年雲南江川李家山出土

雲南省博物館藏

畫面之右側立一柱，上粗下細，頂端有兩層圓臺。柱上縛一牛，牛角倒懸一幼童。一人緊拉繫牛頸及其前腿之繩繞于柱；一人被牛踩倒在地，作仰面呻吟狀；一人拉住牛頸之繩；另一人雙手挽牛尾。其下有二蛇盤繞，一蛇咬住縛牛之繩；另一蛇頭上蹲一蛙。背面有矩形扣。

一二六　二騎士獵鹿扣飾

戰國

高一二、寬一二·五厘米

一九七二年雲南江川李家山出土

雲南省博物館藏

二獵手各騎一馬，手執長矛作下刺狀。馬前有二鹿，其中一鹿被刺倒地，一獵犬撲嚙鹿身，張口欲噬；另一鹿亦將被刺中。其下有一蛇，口咬馬尾，尾繞獵犬之後腿。背面有矩形扣。

一二七　四人獵虎扣飾

戰國

高八·七、寬一〇厘米

一九七二年雲南江川李家山出土

雲南省博物館藏

四人共獵一虎。其中三人按伏虎背，一人被虎咬傷倒地。一獵犬緊噬虎之後胯，另一犬咬住虎的前腿。其下有一蛇，口咬倒地獵人之耳，尾繞虎之尾部。背面有矩形扣。

一二八　二人獵猪扣飾

戰國

高六·五、寬一二·三厘米

一九七二年雲南江川李家山出土

雲南省博物館藏

二獵人共獵一野猪。一獵手被野猪咬住腰部，將要倒地，其前有一獵犬，作驚懼逃遁狀；另一獵手持劍猛刺野猪之後胯，一獵犬咬猪之腰部。其下有一蛇，口咬獵犬之前足，尾繞野猪之後腿。背面有矩形扣。

一二九　剽牛祭柱扣飾

西漢

高一〇·一、寬一三·三厘米

一九九二年雲南江川李家山出土

雲南省江川縣文物管理所藏

十一人在柱旁拼力制服一頭悍牛，准備剽殺作犧牲以祭柱。牛强壯有力，頭頸套繩。人梳高髻，着對襟無袖裳，腰扎帶，臂佩釧，跣足，膝纏繫繩狀飾。柱頂端立一牛。剽牛祭柱是古滇人極神聖的宗教儀式，參加者奮不顧身，拉繩拽尾，扭角推背，不惜被牛撞倒踐踏，甚至牛角穿身。

（張新寧）　本圖由上海博物館供稿

一三〇　牽牛扣飾

西漢

高八·四、寬一一·八厘米

一九九二年雲南江川李家山出土

雲南省江川縣文物管理所藏

一人牽一牛立于一條蛇上。牛肩背部平，繩繫于牛角根部。人梳高髻，穿對襟裳，臂佩銅釧，跣足，膝部纏飾繩狀物，下垂及地。右手挽牛繩，左手喂牛食物，表達了人與牛間强烈的「親和感」。

（張新寧）　本圖由上海博物館供稿

一三一　狩獵扣飾

西漢
高六·七、寬一一·七厘米
一九九二年雲南江川李家山出土
雲南省江川縣文物管理所藏

整組雕鑄工藝精細，組合緊湊。六位短裝扛矛的獵手，抬着捕獲的一隻猛虎，兩條獵狗在獵手們脚邊跑來跑去，兩個衣着華麗的村民抱着鷄、捧着酒罐迎接歸來的獵手。

（王桂蓉）　本圖由上海博物館供稿

一三二　擄掠扣飾

西漢
高九、寬一五厘米
一九五六年雲南晉寧石寨山出土
雲南省博物館藏

整個畫面反映的是椎髻的滇族擄掠辮髮昆明人的情景。前一人爲滇族武士，戴盔着甲，左手提人頭，右手牽一繩，繩上繫一身揹幼童的辮髮婦女及一牛二羊；最後一人亦爲滇族武士，服飾如前一人，左手提人頭，右手執斧。其下有一無頭尸體及一蛇，蛇口咬住羊的後腿。背面有矩形扣。

一三三　四人縛牛扣飾

西漢
高九·六、寬一六厘米
一九五六年雲南晉寧石寨山出土
雲南省博物館藏

四人將一牛縛于柱，其中一人按伏牛背，一人挽住牛尾，另一人持繩繫于牛頸。其下有一蛇，另有一蛇盤繞柱頂。背面有矩形扣。

一三四　八人獵虎扣飾

西漢
高一一·五、寬一三厘米
一九五六年雲南晉寧石寨山出土
雲南省博物館藏

八獵手共獵一虎。六人用長矛刺虎；一人站立虎旁，手中似持物；另一人被虎咬倒在地，仍用劍刺入虎頭。二獵犬撲嚙虎背，其中一犬咬住虎的頸部，另一犬咬虎之後背。背面有矩形扣。

一三五　騎士獵鹿扣飾

西漢
高一二、寬一六·三厘米
一九五六年雲南晉寧石寨山出土
雲南省博物館藏

一騎士騎馬逐一鹿（鹿頭已殘），馬前足已踩至鹿後胯，騎士左手控繮，右手上揚作投擲兵器狀。馬下有二蛇，一蛇咬住馬的後足，另一蛇咬鹿的前腿。背面有矩形扣。

一三六　騎士獵鹿扣飾

西漢
高一〇、寬二〇厘米
一九五六年雲南晉寧石寨山出土
雲南省博物館藏

一騎士（頭部已殘）騎馬急馳，左手控繮，右手執長矛下刺。馬前有一鹿，後胯已被馬踩踏，張口嘶叫。其下有一蛇，口咬鹿足，尾繞馬腿。背面有矩形扣。

一三七　騎士扣飾

西漢
高一〇、寬一〇厘米
一九五六年雲南晉寧石寨山出土
雲南省博物館藏

一騎士御馬前行，頭戴圓形帽，身側佩劍，腿部飾牦牛尾，跣足，雙手控繮，身嚮後仰。其下有一蛇，蛇口咬住馬的前腿。背面有矩形扣。

一三八　騎士扣飾

西漢
高八·五、寬一一·五厘米
一九五六年雲南晉寧石寨山出土
雲南省博物館藏

一騎士御馬急馳，着高領衣，衣長至足部，一手控繮，一手上揚作投擲兵器狀。背面有矩形扣。

一三九　獵鹿扣飾

西漢
高八·四、寬八·二厘米
一九五六年雲南晉寧石寨山出土
雲南省博物館藏

一獵手騎于鹿背，左手抓住鹿之頸部，右手持斧砍嚮鹿頭。鹿作後蹲狀，兩前肢彎曲騰空，張口嘶叫。背面有矩形扣。

一四〇　一人三犬獵鹿扣飾

西漢
高八·五、寬一五·二厘米
一九五六年雲南晉寧石寨山出土
雲南省博物館藏

一獵手左手抓住鹿的後腿，右手上舉作刺殺狀。一獵犬撲嚮鹿背，咬其腰部；一犬咬住鹿耳；另一犬伏于鹿腹下，咬其腹部。其下有一蛇，口咬鹿之前足，尾繞其後足。背面有矩形扣。

一四一　虎噬猪扣飾

戰國
高五、寬七·七厘米
一九七二年雲南江川李家山出土
雲南省博物館藏

一虎撲嚮猪背，口噬其肩。猪作狂奔狀，尾上曲，耳下垂，張口嘶叫。背面有矩形扣。

一四二　三狼噬羊扣飾

戰國
高八、寬一四厘米
一九七二年雲南江川李家山出土
雲南省博物館藏

一長角山羊臥于地，仰首哀叫。三狼共噬其羊，其中一狼抓住羊頸，張口欲噬；一狼伏于羊背，咬其腰部；另一狼抓住羊之後腿，口噬其臀部。其下有一蛇，口咬一狼之耳部，尾繞另一狼之後背。背面有矩形扣，用于繫掛。

一四三　三虎噬牛扣飾

西漢
高九、寬一三厘米
一九五六年雲南晉寧石寨山出土
雲南省博物館藏

一牛被三虎咬斃。其中一大虎負牛而行，口咬牛尾，前爪反抱牛腹；二小虎緊隨大虎身側，仰頭翹尾，作戲鬧狀。背面有矩形扣。

攝影：王露

一四四　一虎噬牛扣飾

西漢
高八·三、寬一五·五厘米
一九五六年雲南晉寧石寨山出土
雲南省博物館藏

一猛虎躍踞牛背，口噬其肩，兩前爪緊抱牛腹，左後爪抓住牛腿，右後爪蹬地。牛身軀略彎後傾，張口嘶叫。其下有二蛇，一蛇尾繞牛腿，另一蛇繞住虎腿。背面有矩形扣。

一四五　虎牛搏鬥扣飾

西漢
高九·七、寬一五·三厘米
一九五六年雲南晉寧石寨山出土
雲南省博物館藏

一虎與一巨型牛搏鬥，虎被牛撞倒在地，腹部被牛角戳穿，腸露腹外；虎口緊咬牛之前足，前爪抓住牛腹，後爪抓牛之頭部。其下有一蛇，口咬牛腿，尾繞虎之後爪。背面有矩形扣。

一四六　二狼噬鹿扣飾

西漢
高一二·七、寬一六·七厘米
一九五六年雲南晉寧石寨山出土
雲南省博物館藏

一狼躍踞鹿背，口噬其耳，前爪抓住鹿的頭、肩部；另一狼伏于鹿腹下，前爪抓住鹿的後腿及腰部，口噬其後腿。鹿前足彎曲騰空，後胯蹲地，作仰首哀叫狀。其下有一蛇。口咬鹿尾，尾繞狼腿。背面有矩形扣。

一四七　一虎揹牛扣飾

西漢
高九·六、寬一三厘米
一九五六年雲南晉寧石寨山出土
雲南省博物館藏

一虎揹一被咬斃之牛。虎後腿微嚮下蹲，作負重走動狀。背上有一牛仰臥，兩前腿彎曲下垂，一後腿垂至虎頭，虎用前爪上扶牛腹。其下有一蛇，口咬虎尾，尾繞虎之前腿。背面有矩形扣。

一四八　二虎噬猪扣飾

西漢
高八、寬一六厘米
一九五六年雲南晉寧石寨山出土
雲南省博物館藏

二虎與一野猪搏鬥。猪作狂奔怒吼狀，張口欲噬。一虎撲嚮猪背，口咬其脊；另一虎被猪撞倒，用其前爪緊抓猪的耳部及前腿。其下有一蛇，口咬猪之後腿，尾繞虎的腰部。背面有矩形扣。

一四九　二豹噬猪扣飾

西漢
高一二、寬一七・三厘米
一九五六年雲南晉寧石寨山出土
雲南省博物館藏

二豹與一野猪搏鬥。猪作狂奔狀，口咬豹之尾部。一豹猛撲于猪背，兩前爪緊抓猪肩及腰部，張口欲噬；另一豹伏于猪腹下，四爪抓其腹部，口咬其後腿。其下有一蛇，口咬豹尾，尾繞猪足。背面有矩形扣。

一五〇　狼豹爭鹿扣飾

西漢
高七・二、寬一二・五厘米
一九五六年雲南晉寧石寨山出土
雲南省博物館藏

一狼與一豹爭食一小鹿。鹿被二獸踩于爪下，作仰卧掙扎狀，其腹部被狼爪抓破，腸流出腹外。豹口緊咬狼頸，前爪抓住狼腰；狼口反咬豹的後腿，前爪抓住豹腹，後爪撥開豹頭。其下有一蛇，口咬豹之尾部。背面有矩形扣。

一五一　虎噬鹿扣飾

西漢
高八・五、寬一六厘米
一九五六年雲南晉寧石寨山出土
雲南省博物館藏

鹿作奔跑狀，其後一虎撲嚙鹿之後胯，張口欲噬。其下有一蛇，已殘。背面有矩形扣。

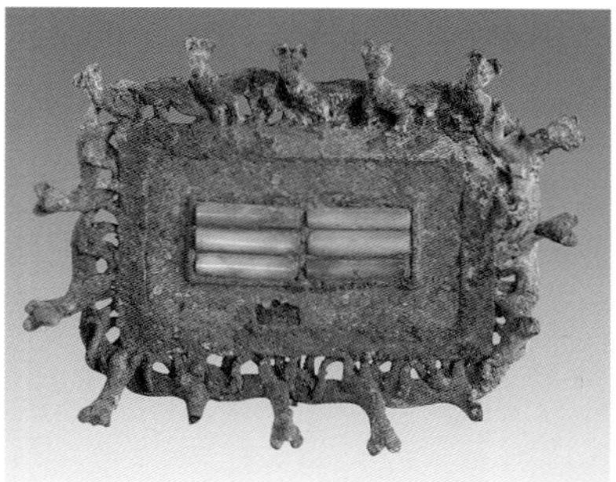

一五二　長方形猴邊扣飾

戰國
長一一·三、寬六·六厘米
一九七二年雲南江川李家山出土
雲南省博物館藏

正面中間嵌米黃色玉管一排，排列齊整，其外鑲孔雀石小珠。背面有矩形扣，便于繫掛。邊緣兩端及上側浮雕小猴，共十二隻。

一五三　長方形狐邊扣飾

西漢
長一五·二、寬一一·三厘米
一九五六年雲南晉寧石寨山出土
雲南省博物館藏

正中爲一長方形框，分左、右兩格，每格鑲玉管三支，其外嵌孔雀石小珠一周。邊緣飾浮雕狐狸一圈，共十五隻。背面有矩形扣。

一五四　長方形鬥牛扣飾

西漢
長九·五、寬五·六厘米
一九五六年雲南晉寧石寨山出土
雲南省博物館藏

整體畫面分上下兩層。上層浮雕十一人，均踞坐，雙手撫于膝上，作觀望狀；下層中間有一雙扇門，門已開，一巨角牛欲進場內，門上蹲一人，彎腰作開門狀。門兩側各有五人，頭飾雉尾，手中捧物，皆驚恐不安。整個場面，似表現鬥牛即將開始的情景。

一五五　長方形鬥牛扣飾

西漢
長九·五、寬五·五厘米
一九五六年雲南晉寧石寨山出土
雲南省博物館藏

畫面分作上中下三層。上層浮雕十人，皆踞坐，雙手撫于膝上，作觀望中；中層共九人，其中一人彎腰開下層之門，其餘八人皆踞坐，雙手亦撫于胸前；下層中間有一門，門已開，一巨角牛欲衝入場內，門兩側各有四人，皆踞坐，雙手抱于膝前。

一五六　圓形牛邊扣飾

西漢
直徑一三厘米
一九五六年雲南晉寧石寨山出土
雲南省博物館藏

正面中心嵌一紅色瑪瑙珠，周圍鑲孔雀石小珠。背面無紋飾，有一矩形扣，便于繫掛。邊緣鑄浮雕小牛一圈，首尾相接，共十二頭。

一五七　圓形牛頭扣飾

西漢
直徑一三·八厘米
一九五六年雲南晉寧石寨山出土
雲南省博物館藏

正面中心鑄一圓雕牛頭，其外鑲嵌孔雀石小珠。邊緣爲突起的條帶紋，條帶內側飾鋸齒紋。背面有矩形扣。

一五八　圓形鑲嵌雲紋扣飾

西漢
直徑一七·五厘米
一九五六年雲南晉寧石寨山出土
雲南省博物館藏

正中嵌白色瑪瑙珠，其外鑲孔雀石小珠及瑪瑙環，再外用孔雀石小珠鑲成卷雲紋，兩雲紋間另嵌白色瑪瑙珠。背面有矩形扣。

一五九　圓形猴邊扣飾

西漢
直徑一三·五厘米
一九五六年雲南晉寧石寨山出土
雲南省博物館藏

正面中心嵌紅色瑪瑙珠，其外分作三圈，皆鑲孔雀石小珠。邊緣鑄鎏金圓雕小猴一周，首尾相接，共十隻。背面有矩形扣。

攝影：王露

一六〇　立鹿

戰國
高一四·三、寬一一厘米
一九七二年雲南江川李家山出土
雲南省博物館藏

仰首，豎耳，翹尾作驚懼狀。鹿足端成尖形，似作漆、木器蓋上之銅飾。

一六一　立鹿

西漢

高一六、寬一二·五厘米

一九五六年雲南晉寧石寨山出土

雲南省博物館藏

頭微仰，尾上卷，作靜立凝視狀。鹿足端爲尖形，似作漆、木器蓋上之銅飾。

一六二　立牛

西漢

高一七厘米

一九五六年雲南晉寧石寨山出土

雲南省博物館藏

體肥，脊項上有高封，兩巨型角，頸肌下垂甚長。牛之雙目鼓圓，口微張，四肢并立，尾夾于後股間，似欲爭鬥。

一六三　牛頭扣飾

西漢

高九·八、寬一九厘米

一九五六年雲南晉寧石寨山出土

雲南省博物館藏

一大牛頭的兩角上各鑄一小牛頭，三牛頭的額前均鑄有心形紋。背面有矩形扣。

一六四　牛頭扣飾

西漢
高九厘米
一九五六年雲南晉寧石寨山出土
雲南省博物館藏

一大牛頭兩角上各卧一小牛，額前另鑄一牛頭。其下有二蛇盤繞，蛇口咬住大牛頭之雙耳。背面有矩形扣。

一六五　三孔雀扣飾

西漢
高一一·五、寬一五·五厘米
一九五六年雲南晉寧石寨山出土
雲南省博物館藏

三孔雀仰首并立，其中一孔雀展翅欲飛，左右兩孔雀相嚮而立作觀望狀。其下有二蛇及游魚兩尾。背面有矩形扣。

一六六　孔雀

西漢
高一三·九厘米
一九五六年雲南晉寧石寨山出土
雲南省博物館藏

頭微仰，雙足并立作觀望狀，短尾，爲雌性孔雀。

一六七　鴛鴦

西漢
高一一、寬一七厘米
一九五六年雲南晉寧石寨山出土
雲南省博物館藏

雙翅上曲，尾後拖，作游弋狀。身上有四蛇盤繞。

一六八　水鳥捕魚扣飾

西漢
高六·三、寬八·五厘米
一九五六年雲南晉寧石寨山出土
雲南省博物館藏

一水鳥禿頂，長喙，作蹲卧狀，兩翅及雙目鑲嵌孔雀石和瑪瑙珠。鳥嘴銜一魚，鳥爪踩其背。背面有矩形扣。

一六九　魚飾

西漢
高七、寬一七·五厘米
一九五六年雲南晉寧石寨山出土
雲南省博物館藏

三角形頭，尾端分杈，身上有鱗片。魚腹下爲圓形銎，銎內殘留木柄，似爲儀仗器。

一七〇　立鹿杖頭

西漢

高一一厘米

一九五五年雲南晉寧石寨山出土

雲南省博物館藏

一鹿立于圓形座上，頭前仰，口微張，作鳴叫狀。鹿腹下有一獸，咬住鹿之後腿。其下有圓銎。

一七一　立兔杖頭

西漢

高一〇・七厘米

一九五六年雲南晉寧石寨山出土

雲南省博物館藏

一兔立于圓形座上，仰頭，豎耳，尾上卷，前腿直立，後腿下蹲作觀望狀。其下有圓銎。

一七二　三牛杖頭

西漢

高八・一厘米

一九五六年雲南晉寧石寨山出土

雲南省博物館藏

圓形長銎，銎之中段四周伸出一臺，臺上站立三牛，巨角，垂尾，頸項有高封。三牛相依，頭均嚮外作凝視狀。

一七三　飛鷹杖頭

西漢

高六厘米

一九五六年雲南晉寧石寨山出土

雲南省博物館藏

一雄鷹蹲立于圓形座上，作展翅欲飛狀。其下有圓銎。

一七四　鸚鵡杖頭

西漢

高五·三厘米

一九五六年雲南晉寧石寨山出土

雲南省博物館藏

一鸚鵡伏于圓形座上，頭微垂，尾後伸，作鳴叫狀。其下有圓銎。

一七五　孔雀杖頭

西漢

高一〇·五厘米

一九五六年雲南晉寧石寨山出土

雲南省博物館藏

一孔雀蹲于圓形座上，仰首，翹尾，頸部及胸間有羽翎紋。其下有圓銎。

一七六　鳥形杖頭

西漢

高四·二厘米

一九五六年雲南晉寧石寨山出土

雲南省博物館藏

鳥長喙，闊尾，作展翅欲飛狀。雙翼及尾部有線刻紋，其下有圓銎。

一七七　鳥銜蛇杖頭

西漢

高七·八厘米

一九五六年雲南晉寧石寨山出土

雲南省博物館藏

一鳥立于圓形座上，展翅欲飛，長頸，尖喙，似大雁。一蛇咬住鳥之左翅，鳥反銜蛇尾。其下有圓銎。

一七八、一七九　女俑杖頭

戰國

高一八厘米

一九七二年雲南江川李家山出土

雲南省博物館藏

一婦女披髮于後背，佩大耳環，穿圓領對襟上衣，着短裙。其右手下垂，左手撫于胸，踞坐于圓形座上。其下有圓銎，用于裝柄。

一八〇　舞俑杖頭

西漢
高七·三厘米
一九五六年雲南晉寧石寨山出土
雲南省博物館藏

一婦女立于圓形座上，額上挽一髻，餘髮披于頭後，穿對襟長衣，雙手前伸作舞蹈狀。其下有圓銎。

一八一　頭箍

戰國
長五八、寬四·五厘米
一九八〇年雲南劍川鰲鳳山出土
雲南省博物館藏

整體爲一彎曲形銅片，有彈性，其外側鑄鳥獸及乳釘紋。銅片兩端各有一穿孔，便于繫索緊束。此頭箍亦稱髮箍，爲辮髮昆明人的束髮工具。

一八二　手鐲

戰國
直徑七·五厘米
一九七二年雲南江川李家山出土
雲南省博物館藏

扁平圓圈形，外側鑲嵌孔雀石小珠。雲南青銅時代的少數民族，無論男女均有戴鐲的習慣，有的一手一鐲，有的數鐲重疊。

一八三　鎏金帶鉤

西漢

長一一・七厘米

一九五六年雲南晉寧石寨山出土

雲南省博物館藏

鉤身爲大小三螭盤繞形，鉤頭即大螭之首。背面有圓鈕。

一八四　當盧

西漢

長一三・七厘米

一九五六年雲南晉寧石寨山出土

雲南省博物館藏

橢圓形，正面有突起的鳳鳥紋。鳥作翹尾、展翅狀，側首站立。

一八五—一八七　人物屋宇

西漢

高一一・五、寬一二・五厘米

一九五六年雲南晉寧石寨山出土

雲南省博物館藏

房宇爲「干欄」式，結構較複雜。其主體部分爲一方形平臺，高與人齊（與同一場面中的人像相比），平臺下有若干小柱承之。平臺正面稍後有一房屋，爲整個建築物之主要部分，頂作「懸山」式，用交叉的木片覆蓋。屋脊之山尖高翹斜出，左山尖下有一小涼臺。

平臺的後端又有一長方形小平臺，臺上有一四柱涼亭，無牆板，僅有低欄杆。平臺右側有一敞棚，左右各有一柱，上承屋頂。敞棚前有一小棚，四柱直落地面，未在平臺之上。

正屋山尖下的涼臺上坐兩婦女，屋內有一小龕，供一人頭。龕右前檐下坐三男子，其右側坐一人，前置一案，此人雙手料理案上之食品。案前左側有一人，頭部已殘。小龕前置一釜，釜前立一木牌，前有一犬，仰首前視。

房屋下層立一馬，馬前有三男子，爲首一人吹葫蘆笙，其後二人撫按其背。平臺之下有牛、馬、猪等家畜。

一八八、一八九　人物屋宇

西漢
高九、寬一二厘米
一九五六年雲南晉寧石寨山出土
雲南省博物館藏

「干欄」式建築，分上下兩層。上層有一長方形房屋，「懸山」頂，頂部用交叉的長條形木片覆蓋，左、右、前三壁有牆板，前壁牆板上開一小窗，窗內供一人頭。房屋左右兩端各立一圓柱，柱頭斜出小柱，上承檐頭，圓柱上懸掛牛頭。

房屋前有欄杆，其上放置猪腿、肉等食品。欄杆與房屋前壁之間形成一較寬的走廊，廊之右側跪四人，前置一案，案上有食物，似爲祭品。案前另有四人，作舞蹈狀。舞者旁有三人，其中一人擊銅鼓。房前壁小窗下置一銅鼓，鼓前蹲一犬，犬旁跪一人。走廊左右各坐五人，走廊前又有八人，其中一人吹葫蘆笙。

下層正中置一梯，梯左側四人，其中一人作燃薪待炊狀；一人雙手捧物；二人踞坐。梯右側有二牛、二馬，其中一馬拴于柱上，旁有一人席地而坐。

一九〇、一九一　人物屋宇

西漢
高一一·二、寬一七厘米
一九五六年雲南晉寧石寨山出土
雲南省博物館藏

「干欄」式建築，分上下兩層。房頂爲「懸山」式，用交叉的長條形木片覆蓋。房之前、左、右三壁有牆板，其中前、右兩牆各開一小窗，前牆窗內供有人頭。

上層房前有欄杆，牆壁與欄杆之間形成走廊。欄杆上有鸚鵡一、牛頭一、猪腿二及肉一塊。走廊右側有四人，其中踞坐者二人，倚欄而立者二人。走廊中段有二人，一站一坐，坐者雙手撫按一案。小窗下有一銅鼓，鼓前伏一犬，犬後坐一人。房屋左角處另有三人及銅鼓數具；右角處有二人，皆踞坐，其中一人吹葫蘆笙。

下層正中立一梯，梯上端接房檐，梯上有一蛇，緣梯蜿蜒而上。梯之右側有五牛及小獸一；左側有三人及大釜一，其中一人踞坐，一人伏于釜旁吹火，另一人手執長柄勺在釜中攪拌。梯後側有馬一、羊一、牛二、猪一，另有小鼠一隻，緣柱而上。

一九二　舞蹈扣飾

戰國

直徑七·一厘米

一九七二年雲南江川李家山出土

雲南省博物館藏

圓形，正中鑲嵌瑪瑙珠和孔雀石小珠；其外爲浮雕人像，共十八人，衣後皆飾尾，手挽手作旋轉舞蹈狀；邊沿嵌孔雀石小珠。

一九三　二人舞蹈扣飾

西漢

高一二、寬一八·五厘米

一九五六年雲南晉寧石寨山出土

雲南省博物館藏

二人服飾相同，頭後皆挽小髻，高鼻、深目，着緊身衣褲，其上有花紋；腰間束帶，佩長劍，劍帶掛于右肩。此二人手中各持一盤，口微張，腿部彎曲，作邊歌邊舞狀。其下有一蛇，口咬前一人之右足，尾繞後一人之左足。

一九四—一九八　四人樂舞俑

西漢
高九厘米
一九五六年雲南晉寧石寨山出土
雲南省博物館藏

一組四人，服飾相同。其中一人吹曲管葫蘆笙，邊吹邊跳，其餘三人雙手擺動作舞蹈狀。此四人皆高髻，髻上飄帶下垂，肩上繫一帶，帶上掛短劍，背上披巾，下繫帶尾的獸皮。上衣後襟較長，拖至足後。腿部纏繞獸尾，跣足。

一九九　鼓

春秋末期
高三九、面徑四一厘米
一九七五年雲南楚雄萬家壩出土
雲南省博物館藏

銅鼓是我國南方少數民族普遍使用的一種打擊樂器，由鼓面、胴部、腰部及圈足四部分組成。

此鼓鼓面飾太陽紋，共十八光芒，芒外有弦紋。腰部飾交叉的垂線紋，圈足處有雲紋一周。內壁爲菱形網狀紋，網之四角呈卷雲形。腰、胴間有四扁耳。鼓面有炊烟痕跡，除作樂器外，兼有炊具功能。

二〇〇　鼓

春秋末期
高三四、面徑三八厘米
一九七五年雲南楚雄萬家壩出土
雲南省博物館藏

鼓面飾無光芒的太陽紋，腰部用垂線縱分爲二十四格，格內無紋飾。近圈足處有雲紋一周。腰、胴間有四扁耳。鼓面有炊烟痕跡。

二〇一　鼓

戰國
高二八、面徑二三厘米
一九六四年雲南祥雲大波那出土
雲南省博物館藏

鼓面正中飾四光芒太陽紋，腰、胴部均無紋飾，四環形耳。此鼓鼓面上有三個穿孔，用途不明。

二〇二　鼓

戰國
高三〇·一、面徑三九·一厘米
一九七二年雲南江川李家山出土
雲南省博物館藏

鼓面飾十二光芒太陽紋，芒間有斜線三角形紋。其外共五暈（每一圈花紋爲一暈），由同心圓紋和鋸齒紋等相間而成。胴部四暈，一至三暈爲鋸齒紋及同心圓紋，第四暈較寬，有船紋四組，每船載四至五人不等。腰部及圈足共四暈，其中第一暈較寬，由鋸齒紋間以圓圈紋組成條帶，將此暈縱分爲八格，其中兩格飾牛紋，三格爲戴羽冠的舞蹈者，另外三格無紋飾；二至四暈爲鋸齒紋及同心圓紋。腰、胴間有四扁耳。

二〇三　貼金銅鼓

西漢
高一〇、底徑一三·六厘米
一九九二年雲南江川李家山出土
雲南省江川縣文物管理所藏

十二芒，芒體凸出，外附三暈。胴部有側坐的羽人，腰上部分八格。暈、胴上下部和腰下部爲同心圓紋和三角齒紋。芒體中央有一方孔，足底部內折使其放置更穩固。表面貼金箔，裝飾華麗。器壁厚，出土時周圍散落有金製的花和小玉飾，似爲受中原傳入的「搖錢樹」之啟迪而製作的開金花、結玉果的「財富樹」之底座，頗具地方色彩。

（張新寧）　本圖由上海博物館供稿

二〇四、二〇五　鼓

西漢
高三一・二、面徑四〇・七厘米
一九五六年雲南晉寧石寨山出土
雲南省博物館藏

鼓面正中爲太陽紋，十二角光芒，芒間飾斜線三角形紋。其外共五暈，一、二暈爲圓圈紋和弦紋；三、四、五暈爲齒紋和圓圈紋。胴部四暈，一、二、三暈爲齒紋和圓圈紋；第四暈較寬，有船四隻，每隻船上坐四人，有執槳劃船者，有戴羽冠持矛者，水中有魚游動。腰部四暈，第一暈由豎直的齒紋和同心圓紋條帶將其分作八格，其中兩格爲戴羽冠之人，人側有鳥；四格中各有戴羽冠者二人，手持長矛、鉞及盾牌作舞蹈狀。其餘三暈爲齒紋和同心圓紋。

二〇六—二〇八　鼓

西漢
高四八、面徑六八厘米
一九〇〇年雲南廣南阿章寨出土
雲南省博物館藏

鼓面正中飾十四光芒太陽紋。其外五暈，由點紋、圓渦紋及三角形齒紋組成。胴部六暈，其中第四暈較寬，有船紋四組，船上有人、竈臺及炊具等，其餘五暈與鼓面同。腰部六暈，第一暈最寬，由齒紋及方格紋等組成條帶，將此暈縱分爲十四格，每格均有紋飾，以戴羽冠者和牛紋爲主。圈足無紋飾。

胴部與腰部相接處有四扁平耳，耳部飾編織紋。此銅鼓爲雲南出土銅鼓中最大和最精美的一件，至今仍光澤可鑒，毫無銹蝕

二〇九　編鐘

戰國

高三〇厘米

一九七六年雲南祥雲檢村出土

雲南省祥雲縣文物管理所藏

一組三件，器形、大小及紋飾相同。扁圓體，頂端有三角形鈕，兩側均有花紋，一側飾兩孔雀，另一側爲二獸搏鬥圖案。

二一〇　編鐘

戰國

高一五—二一·九厘米

一九七五年雲南楚雄萬家壩出土

雲南省博物館藏

一組六件，器形相同，大小不一。器身上小下大，橢圓形，頂端有羊角形鈕，鈕下有長方形穿孔，無紋飾。

二一一　鐘

戰國

高四八厘米

一九六四年雲南祥雲大波那出土

雲南省博物館藏

扁圓體，中段較寬，上下兩端微束。頂部有繩紋半環鈕，兩側飾回紋及雲紋圖案。

二一二　鐘

西漢
高四一厘米
一九九二年雲南江川李家山出土
雲南省江川縣文物管理所藏

係六件成組的編鐘之一，半環鈕，上大下小，口齊平。鐘兩面飾左右對稱的三連雲紋及雷紋。

（張新寧）　本圖由上海博物館供稿

二一三　編鐘

西漢
高二九—四〇厘米
一九五六年雲南晉寧石寨山出土
雲南省博物館藏

一組六件，器形、紋飾相同，大小不一。器身頂部有環形鈕，兩側各飾龍紋二，左右對稱。唇邊爲蛇紋及方格紋。

二一四　鑼

西漢
直徑五二·五厘米
一九五六年雲南晉寧石寨山出土
雲南省博物館藏

整體作斗笠狀，邊沿一側有半環鈕。器身紋飾爲圓圈形布局：正中飾八光芒太陽紋，其外四圈爲三角形齒紋和勾連雲紋；再外一圈較寬，有戴羽冠者二十二人，每人手中各持一長翎作舞蹈狀，另有一人穿長衣，佩長劍，似爲頭人。邊沿有三角形齒紋和勾連雲紋三圈。

二一五、二一六　直管葫蘆笙

西漢
長六〇厘米
一九五六年雲南晉寧石寨山出土
雲南省博物館藏

整體似一長柄銅勺，直柄，柄部正面有一圓形吹孔，背面爲六方孔，柄端鑄虎噬牛圖像；下段爲圓球形，其上有一大圓孔。演奏法與現代的橫笛相似。

二一七　曲管葫蘆笙

戰國
高二八・二厘米
一九七二年雲南江川李家山出土
雲南省博物館藏

整體作葫蘆形，柄部彎曲，背面有吹孔，柄端鑄一牛；下段呈圓球形，其上有排列整齊的五個圓孔，孔內殘留竹管。演奏法與現代的蘆笙相同。

二一八　八人樂舞扣飾

西漢
高九・五、寬一三厘米
一九五六年雲南晉寧石寨山出土
雲南省博物館藏

長方形，分上下兩臺。上臺似舞臺，其上有四人，皆戴冕形冠，頭後有長帶下垂，雙手上舉作舞蹈狀；下臺似樂池，亦有四人，服飾同上，其中一人吹曲管葫蘆笙，一人擊錞于，一人吹短柄樂器，另一人吹直管葫蘆笙。

（本書圖版說明除署名者外，均爲張增祺撰寫）

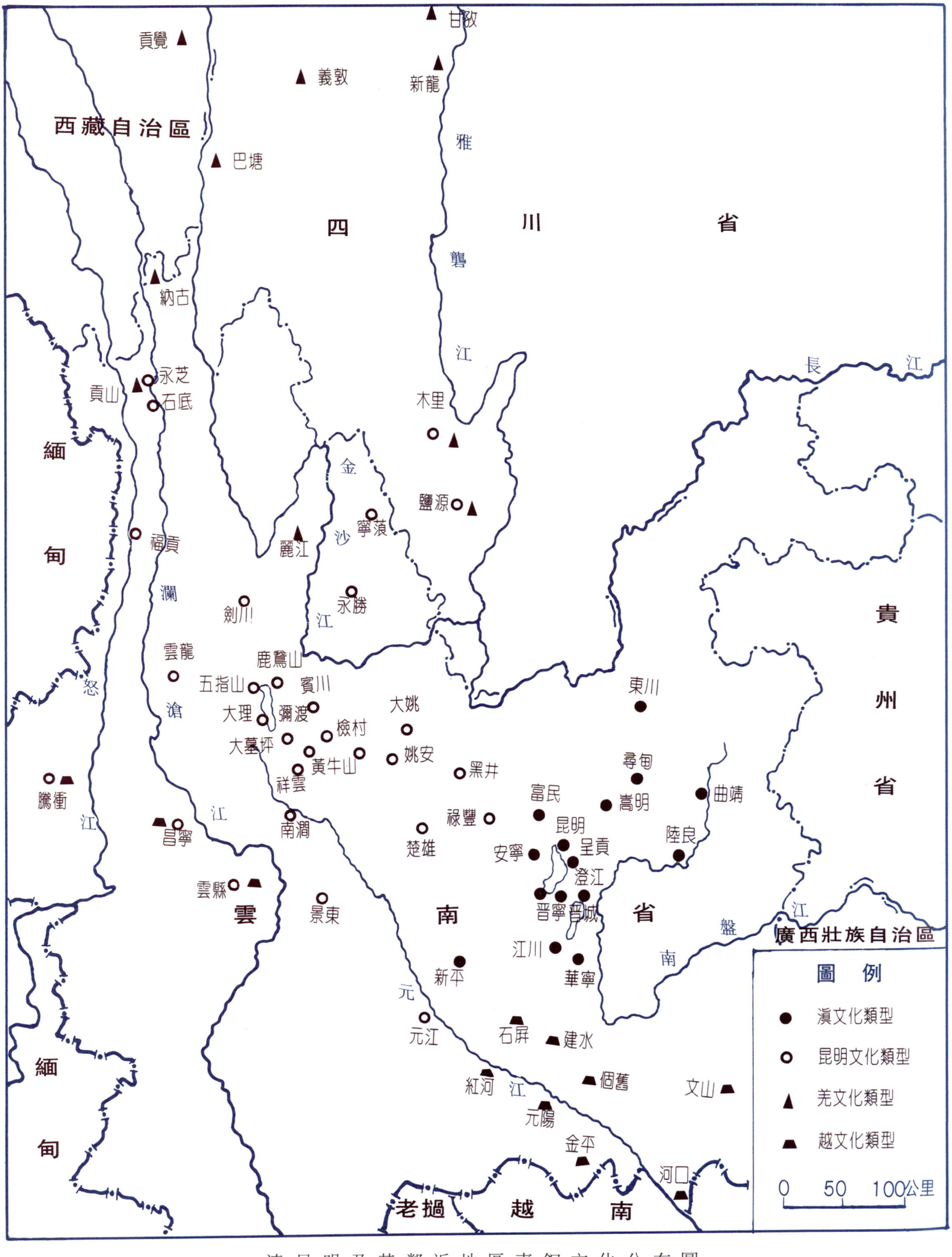

滇、昆明及其鄰近地區青銅文化分布圖

本書編輯拍攝工作，承蒙以下各單位
予以協助和支持，謹此致謝。
雲南省文化廳文物處
雲南省博物館
雲南省文物考古研究所
雲南省昆明市文物管理委員會
雲南省江川縣文物管理所
上海博物館
中國歷史博物館
所有給予支持的單位和人士

責任編輯 張囤生
封面設計 仇德虎
版面設計 張囤生
攝　　影 劉小放
　　　　 鄒永瓊
繪　　圖 邱富科
　　　　 李　森
　　　　 白文祥
　　　　 王桂蓉
責任印製 蘇　林
責任校對 華　新

圖書在版編目（CIP）數據

中國青銅器全集. 14，滇. 昆明／《中國青銅器全集》編輯委員會編. —北京：文物出版社，1996. 7
(2016. 6 重印)
(中國青銅器全集)
ISBN 978 – 7 – 5010 – 0745 – 5

Ⅰ. ①中…　Ⅱ. ①中…　Ⅲ. ①青銅器（考古）－中國－昆明市－圖集　Ⅳ. ①K876.412

中國版本圖書館 CIP 數據核字（2011）第 066784 號

中國美術分類全集

中國青銅器全集

第14卷　滇　昆明

中國青銅器全集編輯委員會編

出版發行者　文物出版社
（北京東直門內北小街二號樓）
http: // www.wenwu.com
E-mail: web@wenwu.com

責任編輯　張囤生
再版編輯　郭維富　周燕林
製版者　蛇口以琳彩印製版有限公司
印刷者　文物出版社印刷廠
裝訂者　北京鵬潤偉業印刷有限公司
經銷者　新華書店
一九九六年七月第一版
二〇一六年六月第四次印刷
書號　ISBN 978 – 7 – 5010 – 0745 – 5
定價　三三〇圓